I0143034

El paso

José Marzo

El paso

ACVF EDITORIAL
MADRID

Diseño de la colección:
La Vieja Factoría
Ilustración de cubierta: equipo de diseño de La Vieja Factoría

Lectura de prepublicación:
  Lola Coya.

Primera edición: enero 2010
segunda edición: agosto 2014

ISBN: 978-84-936273-7-9

Impresión digital bajo demanda. También disponible en *ebook*.

BREVE PRÓLOGO

Con una mano se sostiene la balanza, y mientras que en un platillo se dispone una cierta porción de la realidad, en el otro se van colocando palabras medidas, ni una de más, ni una de menos. El objetivo es que el fiel guarde equilibrio, afán arduo en una realidad cambiante. La serie de aforismos *El paso* fue escrita en un contexto de crisis general de la democracia. A comienzos del siglo XXI, los efectos negativos del neoliberalismo, hegemónico las dos últimas décadas a esacala mundial, eran notorios. Como decimos en castellano coloquial, el neoliberalismo económico, con su apuesta por la desregulación de los mercados, «se pasó de frenada». Mucho más que un mero dogma económico, el neoliberalismo se sustentaba en un orden de valores, en un concepto de la sociedad y del individuo. Años después, con nuevas guerras en el tablero internacional e inmersos en una crisis económica de desenlace imprevisto, se ha redescubierto el papel del Estado o, mejor dicho, de las instituciones. Algún día se aceptará como propio del sentido común lo que antes se negaba. Sin embargo, sigue sin vislumbrarse de qué modo se articulará en la práctica una mayor y más eficaz participación de los ciudadanos, el olvidado factor humano.

El paso no se ocupa directamente de la economía ni de la gestión institucional. Su ámbito es el orden de valores propio del animal político, la igualdad y la libertad: una reflexión sobre los fundamentos éticos y jurídicos de la democracia y una exploración de los límites de su pluralismo.¿Por qué estos valores y no otros? ¿Cómo se concretan? La democracia es el único sistema en el que los medios son tan importantes como los fines. Ni el fin justifica los medios, ni los medios legitiman los fines.

Cuando en el umbral del año 2000 me ofrecieron una columna mensual en una revista digital minoritaria, vi la oportunidad de indagar estas ideas y exponerlas en un medio discreto. La periodicidad de la revista y el canal de difusión condicionaron su expresión, adquiriendo la forma de aforismos. Con la publicación en libro, el lector tendrá por primera vez la oportunidad de leer la serie completa y apreciar su narración.

Deseo que se vea en *El paso* una aportación libre y literaria a un debate amplio en el que se han implicado con mayor fortuna especialistas y que aún dista de haberse resuelto. *El paso* es sólo un cuestionamiento, una pequeña aventura intelectual y artística. Muchos de los temas tratados merecen textos más extensos y detallados, como la «cultura democrática» y las relaciones entre los ciudadanos y las instituciones, que espero acometer en el futuro. Hay en *El paso* argumentos que ahora no escribiría y otros que hoy me cuesta suscribir. Pero con la excepción de matices lingüísticos, erratas y alguna reflexión tan caduca como los hechos que la propiciaron, no he querido introducir modificaciones. A fin de cuentas, sus cambios de tono, desde el lirismo hasta la observación racional, y sus muchas imperfecciones, lagunas, extravíos y tropiezos son la manifestación de lo que nunca pretendió ser otra cosa que un tanteo.

José Marzo, Madrid, enero de 2010

Una abeja amarilla y negra al calor del estío,
junto a un manantial.

0. El movimiento

Yo pertenezco a la rara estirpe de personas que, por vocación, cada día caminan un promedio de dos horas. Pero, salvo en el rasgo de la vocación, estos pasos en lo básico no me distinguen de los de cualquier mamífero terrestre. También una vaca camina mecánicamente, por ejemplo para desplazarse a la zona del prado donde el pasto es más abundante.

Un paso específicamente humano, aunque primitivo, es el simbólico. Enseguida acude a la mente el paso televisado que Neil Armstrong dio en la Luna el 21 de julio de 1969. En realidad, nada fundamental habría cambiado si Armstrong hubiera puesto en la Luna la cabeza y no el pie, o si se hubiera enredado al salir de la escotilla, cayendo de espaldas. Lo importante es que, tras miles de años de ciencia y política, la humanidad demostró en la segunda mitad del siglo xx haber adquirido conocimientos científicos y capacidad organizativa y económica suficientes para lanzar una nave tripulada fuera de la Tierra, posarse en un satélite, recoger y enviar información y regresar.

Pero existe un tipo de paso humano que, además de sencillo, considero más inteligente y verdadero. Por ejemplo el paso que damos para situarnos en un lugar más adecuado desde el que observar y evaluar una escena. O el del hombre que penetra en la comisaría para acusarse de un asesinato. O el del niño que, a la entrada del colegio, decide irse al parque a jugar al fútbol. O el del soldado que durante la noche salta de su catre y deserta del ejército. No son pasos mecánicos, ni simbólicos, ni regulares, sino pasos concretos no previstos, que responden a una pluralidad de opciones, nacen de la inquietud y producen un cambio en la biografía de sus protagonistas, y a veces, excepcionalmente, en la historia universal.

Algunas personas consideran peligroso este ejercicio de inquietud. Tanto, que incluso se han creado sistemas filosóficos que pretendían negar la existencia de la pluralidad y del cambio, del movimiento.

Podemos afirmar que no lo han conseguido.

1. Los senderos de la experiencia

He llegado a la conclusión de que los mejores frutos del humanismo se derivaron, en política, del desarrollo conjunto de los principios de la libertad y la igualdad, y en ética, de la combinación de dos actitudes, la rebeldía antijerárquica y la simpatía por los sojuzgados. Pero la historia de la humanidad se ha construido también con negaciones. Muchos líderes políticos, como Lenin, insistiendo en la igualdad despreciaron la libertad, e influyentes moralistas populares, como Jesús de Nazaret, bendijeron la simpatía por los sojuzgados pero condenaron la rebeldía.

El desconcierto actual de las fuerzas democráticas y, en mayor medida, del ala izquierda procede en buena parte de su incapacidad para reconocerse en estos cuatro pilares y para estructurarlos. Cuando, tras la caída del muro de Berlín, Francis Fukuyama publicó su famoso ensayo, en un aspecto le hizo un favor, pero en otro la confundió aún más. Al decretar el fin de la historia, la izquierda más inquieta se sacudió la modorra y buscó el mecanismo que la relanzara. Pero al reabrir la herida del fin de las ideologías, la izquierda, movida por la misma reacción, pensó que debía recuperarlas, como si el resbaladizo concepto de ideología formara parte inseparable de su identidad. Esto la ha conducido a un callejón sin salida.

En principio, la ambigüedad del término debería hacernos dudar de su utilidad. Lo he leído empleado en el sentido de doctrina política o económica, lo que le otorgaría un carácter técnico. La doctrina del libre comercio, la de la colectivización de los medios de producción o la de la nacionalización de la industria serían por tanto ideologías. En otros casos, con ella se alude a un modelo de sociedad, lo que más propiamente sería un ideal o, si se trata de un modelo detallado y acabado, una utopía, al estilo de la de Tomás Moro. Está muy extendido su uso como estudio de símbolos y significantes en su relación con los sujetos y las significaciones, lo que en semiótica se designa con el término más preciso de pragmática. Yo lo he utilizado varias veces, siguiendo a Marx, como conjunto de ideas y valores con el que un colectivo enmascara sus verdaderos intereses. De acuerdo con este sentido, el neoliberalismo sería una ideología, pues es un ideario que, amparado en la libertad y la competitividad, está justificando el traspaso del poder económico a los oligopolios y a las grandes corporaciones, donde la competitividad y la libertad se diluyen. Algunos autores proponen para referirse a este hecho la expresión, que considero demasiado vaga, de falsa conciencia. Y por último, se da un caso más vinculado con su etimología griega y con sus orígenes en los escritos de los *idéologues* franceses del siglo XIX, como Fourier, que significa ciencia de las ideas y que designa la expresión literaria del idealismo filosófico.

Conviene puntualizar que si bien el idealismo filosófico ha generado siempre un idealismo político y moral, también es frecuente un idealismo moral y político en los partidarios del empirismo.

14

Estoy convencido de que la izquierda necesita reencontrar sus principios, interpretarlos y desarrollar discursos para la fundación de proyectos que cumplan la función de una idea reguladora, e incluso para la ideación, por quienes dispongan de una imaginación fértil, de una pluralidad de utopías, lo-que-no-está-en-ningún-sitio. Pero si, paralelamente, se lanzara de nuevo en brazos del idealismo filosófico, estaría dando la espalda a los logros de la biología, la física, la geología, la química, la antropología, la neurología, la psicología... a todo lo que la humanidad ha comenzado a vislumbrar de la realidad gracias a la asunción de la teoría empírica del conocimiento.

En otras palabras, la izquierda, si quiere existir, deberá superar una disyuntiva: seguir deambulando como hasta ahora por el pantanoso terreno de la ideología o echar a andar, en dirección a los hermosos y huidizos ideales, por los senderos de la experiencia.

2. El rigor

El conocimiento es un viaje sin fin que uno puede emprender desde cualquier punto. Un individuo de inclinaciones científicas, por ejemplo un muchacho de Leganés, comenzó interesándose por los caballos tras una jornada con sus amigos en el hipódromo de la Zarzuela. En un manual de hípica, vio la serie de fotografías de un caballo al galope realizada por Muybridge en el siglo XIX. Desde entonces, hizo sus propias fotos de caballos, que reveló en su propio laboratorio artesanal con los químicos que él mismo había compuesto. De la química al estudio de la física sólo dista un palmo, y en una introducción a la física leyó por primera vez el nombre del materialista Demócrito, gracias al cual redescubrió la cuna griega de la civilización occidental y la democracia ateniense. En este momento de su largo periplo, nuestro muchacho de Leganés, como un arriesgado navegante de la Edad Media, ya tuvo en su cabeza un incompleto, inexacto y descabellado mapa del mundo, pero un mapa al fin y al cabo.

Sin embargo, el viajero no podría compartir el conocimiento adquirido si al mismo tiempo no hubiera realizado otro viaje, en este aspecto de dirección vertical, entre lo personal y lo social, que habría afectado a su lenguaje. Si hubiera profundizado en un lenguaje personal, habría adquirido expresividad y nos encontraríamos ante un poeta. Si, como es el caso, se hubiera elevado hacia el lenguaje social, ganando en abstracción, se habría acercado al ideal del rigor científico, la formulación de verdades aceptadas por todos, con independencia de nuestros puntos de vista personales, intereses, emociones y sentimientos. Dos y dos son cuatro y Beijing es la capital de China, que está en el hemisferio norte. Nuestro muchacho de Leganés ya se habría convertido en un humilde sabio. Que se le reconociera o no como tal, eso ya no importa.

Por desgracia, la realidad es otra. En el mapa que del mundo se ha hecho nuestro muchacho de Leganés, ya todo un hombre barbado, sólo hay tendones y músculos, hormonas y virus. Tras finalizar la educación secundaria, estudió veterinaria, se especializó en solípedos, y su tesis doctoral versó sobre la alimentación de la cría caballar en el Sistema Central. Ahora trabaja analizando muestras de orina, heces y sangre de caballos para la Comunidad de Madrid. Lo ignora casi todo de todo lo demás y su lenguaje ha adquirido una gran precisión técnica, que espera le sirva para pelear con sus colegas de departamento por un ascenso.

Es así como el conocimiento, dividido, subdividido, seccionado y colocado en la báscula del interés, degenera en un pseudolenguaje, una jerga, una burda falsificación del rigor científico que podríamos llamar *rigor mortis*, la expresión de los cadáveres.

17

3. La caída

La frontera que separa la salud de la enfermedad es muy tenue. Podría decirse que no existe, que la salud es un modelo ideal y que en realidad el estado natural del organismo vivo es la enfermedad, en distintos grados.

Si uno escucha sus pulsaciones, al cabo de un rato percibirá una pequeña arritmia, producto de un desajuste, o remedio de un desajuste, pero en ambos casos un síntoma. Es una disciplina no apta para hipocondríacos: escuchar nuestras arritmias (la hinchazón de nuestras extremidades tras una jornada de trabajo, las pequeñas varices que la fatiga produce en nuestros pies, las oscilaciones de nuestra temperatura corporal).

Pero mucho más difícil es escuchar las disfunciones de nuestra mente. En este caso, el síntoma no es el ruido, sino su atenuación. Algo comienza a fallar cuando, incapaz de resolver un problema, recorres una y otra vez el mismo camino en el laberinto, para acabar abocado al mismo callejón; cuando giras y giras las mismas ideas como un disco rayado. Las calles, rebosantes de personas y de luces, te parecen vacías, y no encuentras palabras para expresar pensamientos que apenas se esbozan. No sólo no hallas los sencillos argumentos para rebatir un lugar común, sino que ni siquiera lo deseas. Acabas perdiendo la ilusión de la solución, pues el problema te parece vano. En su estado extremo, el silencio se impone. Has caído. Ya no escuchas la armonía disonante de la vida y no sientes compasión ni desprecio, placer ni dolor.

En ningún sitio he leído reflejada esta quiebra mental con tanta exactitud como en *The crack-up*, la introspección literaria de Scott Fitzgerald. No sólo porque la describa con términos precisos, sino también porque su estilo carente de brillo y tensión, desilusionado y tosco, pero con el sabor rudo de lo cierto, la demuestra por sí mismo: «Me encontraba de pie a la hora del crepúsculo en una extensión desierta, con un rifle descargado entre las manos y sin adonde disparar. No hay problemas, simplemente un silencio con sólo el sonido de mi propia respiración».

Deberíamos estar atentos a las disfunciones de nuestra mente, al disco rayado de nuestros pensamientos, a la música monótona que se atenúa y precede a la quiebra, el silencio.

Detente. Cierra los ojos y respira.

Llora si puedes.

Es hora de descansar.

4. Literatura consciente

En conversación privada, un colega argumenta que, en una sociedad sana, la literatura de ficción no debería tratar la política, puesto que de ella se encargan ya los partidos, los sindicatos y los medios de información. Hay un elemento en esta frase que, instintivamente, me rebela, y enseguida observo que es el empleo del verbo «deber», que mi propio colega no tarda en sustituir: «En una sociedad sana, la literatura no *tendría por qué* tratar la política».

Estoy de acuerdo. En una sociedad sana, la literatura en efecto no tendría ninguna necesidad de tratar la política, porque de ella se encargan los partidos, los sindicatos, los periódicos... En una sociedad sana, pienso, la literatura tampoco tendría que tratar el sexo, porque de él ya se encargan los sexólogos y los educadores. Ni la religión, que cae bajo el dominio de los antropólogos y de los teólogos. Sucesivamente, del radio de acción de la literatura podríamos ir excluyendo la enseñanza, el trabajo, el amor, la tecnología, la moral, el deporte... En el último lugar de la lista, quizá deberíamos acabar mencionando aquello que es consustancial a la literatura, el lenguaje. A fin de cuentas, en una sociedad sana, del lenguaje pueden encargarse perfectamente los filólogos.

Nos encontraríamos, es cierto, en una sociedad sana, de donde habrían sido desterradas la enfermedad y la anomalía: una sociedad perfecta, acabada, cerrada, sin literatura. Pero el argumento de mi colega parte de un vicio de principio, porque sin una literatura alerta, crítica y consciente, ¿cómo podríamos estar seguros de hallarnos en un mundo feliz y no simplemente en un mundo sin conciencia? Claro que uno se pregunta por qué concedemos a la literatura la capacidad de alcanzar un nivel de conciencia más alto que la ciencia y que las demás artes. Encuentro un solo argumento, pero muy poderoso: la literatura permite integrar todos los planos de la realidad, desde la fantasía y las emociones hasta la experiencia y lo concreto, manteniendo la hegemonía del lenguaje, que es la herramienta y la expresión del pensamiento. De este modo, en la mejor literatura resuenan todos los ecos del hombre, se confunden y entran en conflicto, luchan, armonizados por la conciencia.

5. El retorno de lo político

He votado en elecciones generales en la mayoría de las ocasiones. Unas veces he apoyado opciones concretas, otras veces he recurrido al voto en blanco. Y he votado a sabiendas de que, caso de resultar vencedora la opción que asume la representación de la izquierda en la cámara legislativa, incumpliría su escaso programa, y que aun en el supuesto de que lo desarrollara, el resultado práctico sería aproximadamente el mismo. Es necesario que las leyes reconozcan como reconocen, por ejemplo, las libertades de cátedra y expresión y la jornada semanal de 40 horas, pero de poco sirve si no hay estudiosos, periodistas y sindicalistas dispuestos a pelear por realizarlas y a afrontar el acoso y la marginación, a menudo por parte de sus propios compañeros.

Uno de los más definitorios rasgos de la sociedad contemporánea es precisamente la fractura abierta entre hecho y derecho. A un lado, la realidad sin adjetivos, y al otro, el magnífico monumento de las declaraciones de derechos humanos y las constituciones. Nunca la ley ha sido tan humana y nunca ha estado tan lejos del hombre.

Como afirma Chantal Mouffe en su libro *El retorno de lo político* (comunidad, ciudadanía, pluralismo, democracia radical), es preciso concebir la ciudadanía democrática como ejercicio «en las relaciones sociales, que son siempre individuales y específicas, lo que requiere una real participación en las prácticas sociales que tejen la trama tanto del Estado como de la sociedad civil». Fundamenta su propuesta en una sutil distinción verbal, entre la *política* y lo *político*. Si la primera deriva de la *polis* griega, y alude al consenso y al ámbito de la ley y las instituciones, la segunda lo hace de *pólemos*, e invoca la disensión, el conflicto y el antagonismo, que en una sociedad democrática, cuyos valores son comunes, debe transformarse en un agonismo no excluyente, es decir en una lucha constante por la hegemonía. De este modo al enemigo, convertido en adversario, se le reconoce un puesto bajo el sol y su derecho, también, a defenderse.

Debe estar uno enfangado en el mundo del trabajo y de la cultura para hacerse una idea de la distancia que le queda por recorrer a lo político en su largo retorno. Por el contrario, la disensión sigue diluyéndose en la charca de la cultura mercenaria y el miedo a la exclusión.

El edificio, el de la democracia real, amenaza ruina y necesita una revisión a fondo de su estructura. De la teoría política liberal, aún siguen en pie la división de poderes y los mecanismos para la defensa de la libertad individual. Deberíamos derribar lo que ha demostrado ser falaz: el culto desmedido al comercio, que en épocas de crisis reaparece en la forma de panacea universal, y su ignorancia del peso de lo social y de lo histórico en el condicionamiento de los individuos. Del marxismo, aún son válidos el sindicalismo de clase (ni gremial, ni vertical, ni amarillo) y su crítica de la acumulación capitalista. Se han hundido su menosprecio del derecho y de la cultura, que redujo a una excreción de la economía, y su obsesión inmadura por el Estado, que lo llevó desde pretender su destrucción hasta adorarlo.

En este contexto hostil, necesitamos una ciudadanía distinta, un ciudadano radical dispuesto a ensanchar el espacio de lo posible.

Queremos una sociedad más libre y más igualitaria, y por delante nos queda una lucha enorme e interminable. Hay que volver a pensar, hay que volver a actuar. Urgen librepensadores activistas.

6. El peñasco batido por las olas

Una tarde leí en unas pocas horas los libros de meditaciones que Marco Aurelio escribió a lo largo de varios años. Me habían hablado mucho y bien de ellos, pero, a causa de la diferencia entre lo que esperaba encontrar y lo que encontré, me decepcionaron. No llegué a entenderlo del todo. Para conseguirlo, no sólo debí haber dedicado a la lectura tanto tiempo y concentración como él para escribirlos, sino que debí hacerlo en la lengua en que fueron redactados, el griego, que desconozco, y contar entre cuarenta y sesenta años, que era su edad. Probablemente, también yo debía haber sido, siquiera por un día, emperador de Roma.

Marco Aurelio Antonino gobernó entre los años 161 y 180, en la época de máximo esplendor del imperio. Nunca las fronteras se ensancharon tanto ni hubo tanta prosperidad y tanta estabilidad social. Escribió sus soliloquios o meditaciones, bajo el lema de «a mí mismo», durante las largas campañas militares del Danubio. Pocos seguidores de la escuela estoica llevaron a la práctica como él los preceptos que predicaban. No utilizó su enorme poder en beneficio propio, sino de lo que consideraba que era el bien común, vivió con frugalidad y se mostró humilde ante sus conciudadanos e imperturbable ante los vaivenes de la suerte, como un «peñasco batido por las olas».

En estos escritos, presentados como diarios íntimos, únicos de su género en la Antigüedad, y como examen de conciencia, ni en una sola ocasión se refiere a sus enemigos, ni a los prisioneros, ni a los ejecutados. «No te asocies a los lamentos de los afligidos, ni a sus conmociones», recomienda. Sus meditaciones son una larga e incesante retahíla de exhortaciones morales dirigidas a sí mismo y al lector: «Borra lo que es propio de la imaginación –se dice–, reprime el instinto, ahoga el apetito, resta dueño de tu recta razón». Pensaba que «la inteligencia libre de pasiones es como una ciudadela», inexpugnable, y que de este modo la razón individual accede a la razón natural. Es así como el hombre, liberado de sus pasiones, encuentra el «recto camino guiado por su propia naturaleza y por la naturaleza universal».

En varias ocasiones habla con admiración de Sócrates, una de cuyas máximas era el «conócete a ti mismo», que tomó prestada de los Siete Sabios. Marco Aurelio se aproximó al conocimiento de sí mismo, pero lo ocultó en sus escritos por pudor. Nos escamotea la experiencia personal por la cual llega a la conclusión de que debe actuarse conforme a los preceptos estoicos o se reafirma en ellos, nos priva de sus dudas, desviaciones y faltas. Porque si, por el contrario, actuaba sin vacilación ni errores, ¿para qué reprenderse sin cesar?

Pobre Marco Aurelio Antonino... Creía haberse liberado de las pasiones, pero estaba dominado por la pasión del pudor. «Elimina la imaginación», nos ordena, pero ignoraba que la razón natural no es moral, que esta moral es un producto de la cultura estoica y que esa idea de sí mismo, de la sociedad y de la naturaleza había nacido también de la imaginación y lo tiranizaba.

7. La belleza del mundo

Decimos que un rostro es bonito si cumple las reglas del canon convencional: simetría facial, rasgos suaves, piel sana... Este juicio es independiente de nuestro gusto personal. Con ello demostramos estar muy bien educados y ser miembros cabales de nuestra civilización; apreciamos la belleza de ese rostro desde la misma distancia que nos separa de un cuadro. Y con la misma actitud, de pie y con las manos a la espalda, respetuosamente.

El arte debió de surgir como respuesta a la necesidad de la comunidad humana de constatar esta distancia, entre sus propios miembros y de todos ellos con la naturaleza, y, al mismo tiempo, de seguir manteniendo un vínculo. Frente a la vivencia primitiva, directa y perturbadora, el artista dibujó en la cueva un animal que podía ser desplazado, aumentado o disminuido, y que por último mataba con flechas de pintura.

En la naturaleza, el hombre era vulnerable y se sometía a ella. Con el arte, crea su propia realidad, una realidad que controla. Este proceso alcanza su máxima expresión en el siglo XX. En su versión extrema, el artista contemporáneo es un individuo que domina absolutamente su creación. Ya no le debe nada a la realidad, pues halla la inspiración en sí mismo, ni a las normas técnicas convencionales, que subvierte, ni siquiera a la comunidad formada por su público, que no le entiende. La distancia que lo separa de sus congéneres y de la naturaleza se ha vuelto por fin insalvable. En compensación, el público lo adora como a un tótem incomprensible, que posee raros poderes.

Pensamos que dentro de miles de millones de años no sólo se habrá extinguido la especie humana, sino también las huellas de todo lo que hemos creado y el mismo Sol que despunta cada mañana. El hombre actual ha alcanzado la conciencia de la provisionalidad e incertidumbre de todo lo que existe. ¿No es paradójico que el artista responda refugiándose en lo que es aún más efímero, él mismo? No digo que me parezca ni bien ni mal, pero en un universo que se nos escapa, a este ejercicio de absolutismo subjetivo lo llamamos «el arte por el arte».

Desde el lado del espectador, parece que hemos cumplido con nuestro destino, el de ser una humanidad deshumanizada, que consume un arte que no le causa placer ni gozo, porque ya no es un arte bello. Hemos llevado hasta sus últimas conclusiones un vicio viejo, el de creer que las cosas son bellas por sí mismas, verdaderas por sí mismas, o que simplemente son en sí mismas, desconectadas de lo demás. Pero ¿alguien puede afirmar que algo existe, es verdadero o bello hasta que no lo conoce, hasta que no lo entiende, hasta que no lo siente?

Yo he sentido en varias ocasiones la belleza perturbadora de cosas y de obras: los labios de una mujer, el aroma de un bosque, un movimiento musical, una frase, una pintura, una roca... y este sentimiento ha ido siempre envuelto en un atisbo de comunión, en la superación de la distancia que separaba a mi imaginación, mi pensamiento y mis sentidos, de la persona, la cosa o la obra. No entiendo el arte que no me conmueve, bien la inteligencia, bien la sensibilidad, y el arte que me hace gozar no me distancia ni me proporciona una ilusoria estabilidad, sino que por el contrario protesta contra las barreras y refleja la fluidez del mundo. Por eso pienso que en el buen arte conviven el impulso de dominar la realidad y distanciarla y la necesidad de establecer con ella un vínculo nuevo y distinto, la de detener su curso y la de expresarlo, y es trágico y cómico a la vez, placentero y doloroso.

Algunas cosas son tan hermosas que duelen.

8. Humildad y orgullo

Sísifo merece el calificativo del más astuto de los héroes griegos. Trató de igual a igual a los dioses y los engañó. Gracias a su inteligencia, obtuvo una fuente para la ciudadela de Corinto y pospuso su muerte, gozando de los placeres de la vida. En revancha, los dioses lo condenaron al infierno del Tártaro para la eternidad. Desde entonces, empuja una roca por la ladera de una montaña hacia su cima. Una vez arriba, la roca cae por su propio peso hasta la llanura y él debe bajar a recogerla para empujarla de nuevo.

El mito de Sísifo es idóneo para comparar el abismo que separa a la cultura greco-latina de la cristiana. Frente a la arrogancia del héroe griego, que reta a los dioses, el cristianismo ensalza la modestia. Será dios quien se rebaje a la altura de los hombres más humildes: «Y presentándose en el porte exterior como hombre, se humilló a sí mismo, haciéndose obediente hasta la muerte, y muerte de cruz».

Griegos y cristianos, ambos pasan de la arrogancia a la humillación sin solución de continuidad. Entre el extremo de atribuirse cualidades que uno no posee (arrogancia) y el de reprimir las que sí posee (humillación), no se contempla la humildad de reconocer las propias limitaciones y el legítimo orgullo de saberse en posesión de virtudes.

En la *Biblia* se afirma que «el orgullo del hombre le acarrea humillación, quien se humilla consigue gloria». Albert Camus, en su reinterpretación del mito de Sísifo, imagina al héroe consciente de su trabajo inútil y sin esperanza, y por lo tanto trágico. Resignado a empujar eternamente la roca hasta la cima, sólo su conocimiento lo libera y lo hace feliz, pues su «lucha hacia las cumbres basta para colmar un corazón humano».

Respecto de la supremacía del conocimiento, la interpretación de Camus se inserta en el humanismo moderno ilustrado. Sin embargo, por su ética de la resignación, que ensalza a un Sísifo humillado por los dioses, el humanismo de Camus es cristiano.

Este Sísifo se ha convertido en el mito de la postmodernidad. Como el héroe griego, el hombre moderno quiso equipararse con los dioses y éstos lo condenaron al infierno del Tártaro. El hombre postmoderno que le ha sucedido empuja inútilmente y sin esperanza la roca hasta la cima, y su conocimiento lo eleva por encima de los demás seres y de su destino, proporcionándole algo parecido a la felicidad.

Pero imaginemos a un Sísifo distinto. En el momento en que alcanza la cima y la roca rueda ladera abajo, Sísifo siente sobre sus hombros toda la humillación de su condena. Sueña con los placeres de una tierra que prodiga agua y miel. Observa alrededor el Tártaro y estudia los movimientos de los dioses. Los errores por los que lo condenaron lo han vuelto humilde, pero se sabe poseedor de varias virtudes, de las que se siente orgulloso.

Ya engañó a los dioses en una ocasión. ¿Por qué no podría engañarlos una vez más?

9. La admiración

La iconoclastia practica el saludable ejercicio de la biografía. Una concienzuda disección biográfica ha logrado que las grandes personalidades contemporáneas hayan bajado de su pedestal antes de petrificarse y de convertirse en ídolos. Lo ha logrado alumbrando la cara oculta tras los oropeles, desvelando las vilezas, las flaquezas, las contradicciones y los excesos, pero, sobre todo, exponiendo la raíz y las causas de sus luces y de su grandeza. La gran personalidad no es intrínsecamente grande, ni se debe a un destino fijado por las estrellas: en su creación también han participado elementos que no han sido el producto de una libre elección, como la primera educación, el ambiente, las contingencias de la trayectoria vital o las personas que se han cruzado en su camino. Pero, al mismo tiempo, sólo un carácter ligero y resuelto permite que, allá donde otros se derrumbaron, la gran personalidad se creciera y diera frutos. A diferencia del ídolo falsario o el genio romántico, tocados por el dedo caprichoso de la inspiración, que parecían producir obras fuera del alcance del resto de los mortales, sabemos que las mejores obras contemporáneas son el resultado de una inteligencia aplicada, del estudio y del entrenamiento. Al rendir culto a un ídolo, admitimos el valor de sus producciones, pero negamos el esfuerzo y el mérito del que éstas han resultado, y por tanto nos negamos a nosotros mismos la posibilidad de alcanzarlo y nuestra propia potencia. Al admirar, por el contrario, no sólo reconocemos el valor de la obra ajena acabada, sino también el mérito que la ha creado; abrimos las puertas y tendemos puentes al futuro, descubrimos un camino que podemos recorrer. Reafirmamos nuestra personalidad y autoestima. El éxito de nuestro viaje dependerá también de nuestra determinación y de nuestras fuerzas, pero el solo acto de emprenderlo nos mejora.

El culto castiga el talento de quien lo rinde, la admiración espolea a quien la siente. La conclusión lógica de la iconoclastia debería haber sido sustituir la adoración y el culto por la simpatía y la admiración. Que, sin embargo, el hombre actual parezca inmunizado contra la admiración es una prueba más de la estulticia, el conformismo y el pesimismo que se han extendido por la sociedad contemporánea.

10. El individualismo ingenuo

La expresión «Sé tú mismo», tan difundida en el último tercio del siglo XX, resume el concepto contemporáneo de individuo, al menos en su versión convencional. Presupone la existencia de agentes que coaccionan al individuo, tales como la educación, la familia, el Estado, la empresa o el sindicato, y también la certeza de que el individuo puede ser «él mismo», independizarse de todos estos factores coactivos. No nos explica cómo puede conseguirse tal cosa, pero, como todo ideal, es irreprochable.

De acuerdo con una interpretación absoluta, tendríamos a un individuo que habría soltado las amarras de la sociedad y que viviría en la naturaleza, con lo cual simplemente habría sustituido las coerciones sociales por el imperio de la necesidad biológica. O bien, siguiendo una interpretación moderada, optimista y liberal, si cada uno de nosotros fuera «uno mismo», la sociedad se convertiría entonces en un conjunto armónico de individuos, unidos por un contrato con el solo fin utilitarista de cubrirse ciertas necesidades, como techo o comida, y de intercambiar bienes manufacturados, como calzado y ropa.

Algunos consideran hermoso este ideal y se discuten sus posibles beneficios o perjuicios para la comunidad, pero en principio importa si es o no cierto el concepto de individuo sobre el que se apoya. En otras palabras, si el individuo es una entidad única, irrepetible y estable. La respuesta es afirmativa en varios aspectos. Cada uno de nosotros podría decir: «Yo soy único e irrepetible, pues sólo yo nací en el mismo segundo y en el mismo lugar y he vivido sucesivamente las experiencias que yo he vivido en cada segundo y lugar, sólo yo veo el mundo desde la posición desde la que yo lo veo cuando lo veo y sólo yo pienso las cosas que yo pienso en el momento en que las pienso, donde las pienso y tal como las pienso». Pero es negativa en otros aspectos. No es única ni irrepetible la mayoría de nuestra dotación genética, como tampoco lo son aquellos elementos que este individualismo ingenuo juzga siempre como coactivos, pero de los que podemos afirmar que contribuyen a formar, aunque de modo problemático y conflictivo, nuestra personalidad: la educación, la condición social, la patria, la cultura. Si no queremos ser injustos, cada uno de nosotros también debería atreverse ahora a decir: «Yo no soy el único que habla el idioma que yo hablo, ni el único asalariado del planeta, ni la única persona con pasaporte sueco»; o declarar: «Soy un trabajador sueco de origen italiano y hablo toscano».

Pero en el tercer aspecto la fórmula «Sé tú mismo» pasa de ser inexacta a simplemente ridícula. Hagamos hincapié en el hecho de que no dice «busca tu camino» o «sigue tu camino», sino simplemente «Sé tú mismo». Su concepto de individuo posee las características de estable e inmutable. Así que, una vez liberado de los factores coercitivos, resurgiría un individuo perfecto y acabado, como la figura de madera escondida mágicamente en el tronco de un árbol, que un escultor talla y deja al descubierto. Se trata, en definitiva, de un individuo abiográfico, asocial, ahistórico y apolítico, cuyo mejor exponente sería el feto en la seguridad del líquido amniótico.

Llevada hasta sus últimas consecuencias, el «Sé tú mismo» es una expresión profundamente regresiva. Al contrario que la máxima medieval que nos exhortaba a conocernos, aceptarnos y superarnos, parece invitarnos a renunciar: «No te conozcas, no te aceptes, no te superes».

11. Camaleones desgarrados

Aproximadamente a los cuarenta años de edad, en 1343, Petrarca escaló el monte Ventoso con la compañía de su hermano y unos sirvientes. Durante la larga y ardua ascensión, y también después en la planicie de la cumbre, meditó acerca de dos tendencias que lo dividían, la ambición por una vida santa, para lo cual había sido educado, y el deseo desmesurado de regresar y sumergirse en la corriente de la ciudad, los amigos, la lucha por la fama. La epístola que redactó diez años después describiendo su experiencia y sus pensamientos es, dicen los eruditos, un texto fundacional del humanismo moderno. En ella se refleja el ocaso de la autoridad eclesiástica sobre las conciencias, la pérdida de la seguridad medieval y la carga que recae en las espaldas del hombre, ni más ni menos que decidir con responsabilidad sobre su propia existencia, individual y colectiva.

El humanismo hizo posible todas las corrientes filosóficas, culturales y políticas que se han sucedido y han debatido desde entonces. Abrió una brecha en la presa de la teocracia y permitió que las aguas desbordaran el cauce estrecho cavado durante siglos. Con frecuencia, las crecidas han causado inundaciones y desastres, pero en el limo depositado ha brotado la cultura moderna y contemporánea, todo lo bueno y todo lo perverso.

Aunque sea una grosera simplificación, pienso que desde el Renacimiento buscamos solución a dos conflictos: por un lado entre nuestro deseo de transformarnos y el de encontrar una identidad estable, y por otro lado entre la sensación subjetiva de que somos libres, el anhelo de ser libres, y la amargura de no poder soportarlo siempre, de necesitar a veces una autoridad que nos descargue de la responsabilidad. Seguimos, como Petrarca, escalando el monte Ventoso.

Todas las soluciones culturales y políticas basadas en una ensoñación antropológica han fracasado, tanto las individualistas como las comunitaristas: desde el liberalismo al anarquismo y desde el fascismo al comunismo. Al ignorar lo colectivo, se suprimía la norma moral y se abría la caja de pandora de los abusos personalistas. Al ignorar lo individual, se abortaba la ética, la aplicación específica de la moral, y nos abandonábamos en brazos del totalitarismo.

Dios ha muerto, pero también ha muerto Nietzsche, y el átomo se ha descompuesto. La gestión de lo humano sólo puede fundamentarse en las características inciertas de lo humano. Estamos divididos entre el yo y el nosotros, el deseo y el miedo, el desprecio y la simpatía, la generosidad y la mezquindad... ¿Cuándo aceptaremos que somos camaleones desgarrados?

12. Las hadas existen

La embestida materialista de los siglos XVIII y XIX echó del cuadrilátero al libre albedrío. Si todo es materia y ésta se rige por leyes mecánicas, podemos arrojar lejos de nosotros el libre albedrío y su fardo de mala conciencia, culpa y angustia, como la insignia que lucimos durante un tiempo en el pecho con el lema de una causa olvidada.

En el siglo XX, sin embargo, Heisenberg y Shrödinger formularon y desarrollaron la teoría cuántica, según la cual las ecuaciones no pueden determinar los fenómenos atómicos individuales. En el corazón de la ciencia mecanicista por excelencia, parecía negarse el determinismo. Son muchos los que, desde entonces, han sustentado el libre albedrío humano en el principio de incertidumbre, utilizando el burdo argumento de la analogía.

El propio Schrödinger rechazaba la conclusión más optimista: «Los acontecimientos espacio-temporales del cuerpo de un ser vivo que corresponden a la actividad de su mente, a su autoconciencia u otras acciones, son, si no estrictamente deterministas, en todo caso estadístico-terministas». Sin embargo, esta conclusión, formulada en términos ambiguos, mantenía la puerta abierta a incurrir en el mismo error analógico, el de pensar que aunque la mayoría esté determinada, siempre cabe la libertad excepcional del hecho individual. El sabio Schrödinger, al adentrarse en las marismas de la filosofía, confundía los caminos de la ciencia con los de la epistemología, es decir, los hechos con nuestro conocimiento de los hechos. Lo que la teoría cuántica realmente expresaba era la incapacidad del conocimiento humano de determinar, en el sentido de predecir, los hechos atómicos individuales, lo que en ningún caso implicaba la negación de que tales hechos estén determinados por relaciones causales.

Podemos tomarnos a broma esta confusión, repetida hasta la saciedad por intelectuales de tertulia televisiva, pues quienes sustentan la libertad humana en la teoría cuántica sólo están traspasando el libre albedrío, es decir la autoconciencia, la voluntad y la soberanía, al minúsculo cuanto, convertido así, por gracia de charlatán, en un arbitrario ser omnipotente.

Siempre les queda otro argumento, según el cual sería cierto aquello que no se puede negar. «Existe el libre albedrío, puesto que no se puede negar su existencia». Se trata de una transposición del derecho a la filosofía: «Somos inocentes hasta que se demuestre lo contrario, luego todo es verdadero hasta que se demuestre lo contrario.»

El argumento no es válido, pero conforta.

Las hadas existen y son hermosas. En nuestra imaginación.

13. Un caminante con pies de barro

Nietzsche ha sido el filósofo contemporáneo más odiado y más amado. Raras veces se le ha concedido el favor de una lectura con pretensiones de objetividad, pero el creador de una literatura intempestiva, y azote del concepto mismo de verdad, ni pretendía tal lectura ni la hubiera aceptado. «Tengo la fuerza suficiente para dividir en dos la historia de la humanidad», escribió. No estoy de acuerdo con él. Sin embargo, la intensidad de las emociones diversas que despierta su obra parece indicar que ésta se coloca en la herida que, de hecho, continúa abriéndose y sangrando para dividir en dos la historia de la humanidad.

Hay tres conceptos fundamentales y afirmativos en su pensamiento: el espíritu libre, la voluntad de existir y la voluntad de poder. Y hay, además, dos negaciones, la de la ética cristiana y la del igualitarismo democrático y socialista, que él critica en la medida en que los considera opuestos a los valores que afirma. O, a la inversa, ¿no podríamos suponer que sus afirmaciones son exactamente lo opuesto de los valores defendidos por el cristianismo y el primer igualitarismo moderno, a los cuales desprecia?

La voluntad de poder sería su concepto bisagra si seguimos la interpretación de Heidegger. No se ha insistido lo suficiente en que Heidegger era un pensador metafísico y que, por el contrario, Nietzsche era un escritor antimetafísico. La voluntad de poder es, ciertamente, el concepto más endeble de Nietzsche, el más biológico por su origen y el único metafísico por su ambición, pues alude a un principio antropológico que, supuestamente, ordenaría la conducta del ser humano, anhelante de poder. De ahí el interés de Heidegger en acentuarlo. La psicología lo superó hace ya mucho tiempo: la voluntad de poder no es el único motor del comportamiento humano, ni siquiera el principal. El mérito de Nietzsche, sin embargo, fue desvelarlo cuando nadie osaba hacerlo.

Considero más interesante el concepto de la voluntad de existir, que él no definió de un modo expreso, pero que rezuma en todos sus libros. Está en el gozo de vivir, en la exaltación de la vida en todas sus manifestaciones, en el placer procurado por los paisajes que describe, las sensaciones de un cuerpo que bebe, come, camina y lucha. Está asimismo implícito en su imagen del eterno retorno: vivir de modo que estuviéramos dispuestos a volver a experimentar nuestra vida, íntegramente, con lo placentero y con lo doloroso, sin renunciar a ninguna de las pruebas por las que hayamos pasado. «¿Es esto la vida? ¡Muy bien! ¡Pues que vuelva a empezar!», exclama.

Ahora bien, siendo la voluntad de existir un rasgo destacado del pensamiento filosófico y del estilo de Nietzsche, ésta no es novedosa. Ya la encontramos en el epicureísmo, aunque extremada en él con una tensión agónica y trágica.

Pienso que la gran aportación de Nietzsche es el concepto de espíritu libre. Puede sorprender que el filósofo que levantó uno de los mayores mitos contemporáneos, el del individuo liberado de sus cadenas éticas, sociales e históricas, no creyera en el libre albedrío. El libre albedrío «es un invento de las clases dirigentes», afirma, «la expresión *libre albedrío* no quiere decir otra cosa que el hecho de no sentir las nuevas cadenas». Y subrayo el término *sentir*, pues las cadenas, la necesidad, nunca desaparecen. Éste es su gran hallazgo: la libertad no existe, pero qué importa, saltemos hacia la libertad. Nietzsche, por primera vez en la historia, no fundamenta la ética sobre un mandato divino, ni sobre una cualidad natural y específica del hombre, ni sobre una metafísica, sino del modo más sencillo sobre la cultura, el pensamiento y, en última instancia, la imaginación. ¿No es maravilloso?

También aquí yace, sin embargo, su gran error, el de su incapacidad para comprender que la libertad es un principio cultural, social y político; un principio común y compartido; un principio que, en consecuencia, emana de la sociabilidad. Pero ¿no destruía él mismo la sociabilidad al despreciar el otro gran principio de la modernidad, la igualdad? Nietzsche es por ello otro hereje de la modernidad, fundador de una senda que se debe recorrer, la de una ética antimetafísica, pero que debemos abandonar si queremos reencontrar la sociedad y la política, reencontrarnos a nosotros mismos, y volver a caminar individual y colectivamente.

No deja de sorprenderme que el hombre capaz de imaginar una libertad no metafísica no alcanzara a entrever una igualdad, asimismo, no esencialista, no natural, no metafísica. La libertad no existe, tampoco la igualdad, pero qué importa, saltemos hacia la libertad y la igualdad.

Más sorprendente aún es que Nietzsche, creyendo caminar, llegara tan lejos arrastrándose con sus pies de barro.

14. En el umbral de una revolución cultural

La segunda mitad del siglo xx ha sido, en el terreno de las ideas políticas, el de la maximización del conflicto entre los principios de la libertad y la igualdad, que se han considerado opuestos y excluyentes. En un extremo, el liberalismo, y en el otro, el comunismo. La jugada maestra, e hipócrita, del liberalismo político fue el diseño de una democracia liberal a su medida, donde el principio de la igualdad ha sido hasta ahora, en el mejor de los casos, subsidiario de la libertad. Sorprendente contradicción si se piensa que la igualdad es, históricamente, el fundamento de la democracia, ya desde los griegos.

Con un carácter lógico, la revitalización de la democracia pasará necesariamente por una reivindicación de la igualdad. Ahora bien, ¿qué es la igualdad?

Planteada esta pregunta desde un escenario a un auditorio diverso, nos encontraríamos con múltiples respuestas: la igualdad de oportunidades, de sexos, de razas, la igualdad en la distribución de la renta, la igualdad en la distribución del poder, la igualdad ante la ley... Todas ellas son válidas, y equivalentes entre sí, es decir, que ninguna vale más que la otra. Un error de las corrientes democráticas históricas, sin embargo, fue querer imponer sucesivamente una de estas interpretaciones, despreciando las demás. Cuenta Chamfort que en la época del Terror que siguió a la Revolución Francesa, un ciudadano asaltaba a sus «iguales» diciendo: «Sé mi hermano o te mato...»

Nos encontramos, pues, con múltiples respuestas. Pero ¿cómo ha sido posible esta diversidad de opiniones? Para contestarla, debemos recurrir de nuevo al principio de la libertad. ¿Sería posible decir que cada miembro del auditorio ha respondido libremente? No del todo, pero sí en parte. Ha ejercido su margen de libertad de pensamiento relativo, libertad respecto del pensamiento de los demás, y se ha hecho oír por el resto del auditorio. Otro detalle sorprendente: su respuesta no hubiera tenido lugar si todos y cada uno de los miembros no se reconocieran como iguales para responder.

El ejemplo esconde una trampa: alguien pregunta, muchos responden. En igualdad de condiciones, todos podrían exigir su derecho a preguntar y a escuchar las respuestas. Nuevamente, esta exigencia no se plantearía si todos y cada uno de los miembros del auditorio, incluido el demandante, no se consideraran iguales. Asimismo, la diversidad de las respuestas no sería posible si éstos no se consideraran también libres para interpretar.

Pero aún hay más: algunas personas son más inteligentes o tienen más formación o más fuerza, otras más talento, un carácter más apocado o más atrevido, o más taimado y oportunista; muchas prefieren asentir y dar su conformidad a quien ha expresado una opinión con la cual se identifican. Se crean grupos de opinión y de presión, se levantan nuevos escenarios, se remodelan, se derriban, otros los sustituyen, diversas personas se suceden en los puestos más destacados, otras se mantienen al margen de la discusión.

El juego se transforma, y, sin embargo, tiene unas reglas precisas: nadie puede detentar una tribuna sin ser contestado y todos pueden luchar por organizarse, por hacer oír su voz y defender sus criterios: puesto que todos se reconocen iguales y libres.

Este modelo, imperfecto y siempre cambiante, radicaliza la democracia: es un proceso que nunca se acaba, que nunca se detiene.

En las próximas décadas surgirán voces que proclamarán haber dado con la solución: «¡Eureka, ya sé qué son la libertad y la igualdad!» Y pretenderán convencernos a todos de que detentan la razón. Esgrimirán, sucesivamente, argumentos divinos, metafísicos, históricos, legales, o una simple constatación de la realidad.

De la libertad y de la igualdad hay que destacar varios rasgos: la libertad está atada a la imaginación, y de la igualdad pende como de un hilo de seda la sociabilidad. Libres en cuanto capaces de imaginar opciones, iguales en cuanto miembros de la sociedad. Su carácter es, en este sentido, afirmativo. Pero en otro es negativo: somos libres respecto de algo o de alguien, nunca del todo, e iguales respecto de quien, ya cansado, pretende preservar su posición no por méritos propios, sino negando la potencia del resto.

La libertad y la igualdad no son una concesión de los dioses ni unos principios de orden metafísico. Están hechas a la medida de los hombres y sólo para los hombres.

La igualdad y la libertad son el regalo que los humanos nos hemos hecho a nosotros mismos, y que cargaremos con esfuerzo en nuestros hombros.

15. El sueño del tirano

Describe Stevenson, en unas hermosas páginas de *Los mares del sur*, la belleza de dormir en plena naturaleza, a cielo abierto. De madrugada, cuando la bóveda celeste brilla con mayor fuerza, los animales se despiertan un instante, los pájaros cantan, los reptiles se remueven entre las piedras, los caballos resoplan...; luego retoman nuevamente su sueño.

Pero Stevenson no era un aventurero e idealiza la naturaleza, la considera un espacio de concordia y amor universales. La realidad es que en la naturaleza hay peligros, y el aventurero, cuando se abandona al sueño, también siente temor. ¿Qué clase de aventurero tendríamos sin miedo que superar, sin adversarios a los que enfrentarse? Cuando la bóveda celeste brilla con mayor fuerza y los animales se desperezan, el aventurero palpa su cuchillo junto al pecho; aguza el oído y oye un chillido (un ave rapaz se abalanza sobre un roedor); después, como el oso ruso, duerme con un ojo abierto.

Los tiranos, por el contrario, cierran las ventanas de su dormitorio y corren las cortinas, de modo que ningún ruido, ninguna luz, turbe su sueño.

Allá donde Stevenson imaginaba una noche luminosa, de fraternidad espontánea, el tirano imagina una noche oscura e impenetrable, de complicidad impuesta.

También la noche del tirano, como la de Stevenson, es apacible. Ambos sueñan con un mundo sin peligros ni adversarios. Sueña Stevenson que las rapaces no tienen garras ni las serpientes colmillos. Sueña el tirano que ha sometido a todos los demás hombres y que éstos lo temen.

Stevenson es un ingenuo que desconoce la realidad.

El tirano es un desgraciado que pretende arrancar de su pensamiento aquello que es aún mayor que su poder: su miedo, su inmenso miedo, su recelo.

16. Más allá de la cueva

Si yo fuera sordo, aún tendría mi vista, mi olfato y mi tacto para relacionarme con mi entorno.

Y si además fuera ciego, me quedarían mi olfato y mi tacto.

En un mundo privado de luz y de sonidos, aún podría usar un código alfabético hecho de sutiles gestos para comunicarme con los demás presionando con mis dedos en la palma de sus manos, o a puñetazos. Me perfumaría o dejaría de lavarme. Reconocería su olor, y esparcería el mío para atraerlos o ahuyentarlos.

Pero si también careciera de olfato y de tacto, de piel, ¿seguiría existiendo?

Sumido en mi cueva, aún podría pensar en teoremas matemáticos, o fundirme en una unión mística con mi dios.

Una cueva parecida debió de imaginar Descartes cuando afirmó «pienso luego existo». Pero al escribirlo, incurría en una paradoja irresoluble. La misma paradoja de Zaratustra, cuando bajó de las montañas, o de tantos iluminados que abandonaron el desierto en busca de una aldea donde predicar sus experiencias, o que simplemente marcaron una piedra con sus uñas, para que otro iluminado leyera su sufrimiento acariciándola con las yemas de los dedos. Todos ellos existían, y al existir pensaban, pero también se comunicaban, se interrelacionaban.

Lo mismo vale para el santo tibetano al que, siendo niño, se le encerraba de por vida en una garita al borde del camino: él sabía que los viajeros se detenían ante él y murmuraban un rezo. Aunque algunos miraban alrededor y, viéndose solos, se limitaban a escupir.

17. Individuo *versus* colectivo

Los pregoneros de las dos últimas décadas nos han acostumbrado a interpretar la historia contemporánea como un conflicto entre el individualismo y el colectivismo, del cual el primero saldrá felizmente victorioso, para bien de todos. A su favor esgrimen un argumento de peso: el colectivismo, en su versión marxista-leninista, desembocó a su pesar en sistemas totalitarios que rivalizaron con las pesadillas de Aldous Huxley y George Orwell. Así que ahora, concluyen dando un salto de atleta, ha llegado el momento de ensayar el método contrario, el individualismo, que a falta de una mejor formación lingüística confunden con egoísmo. Iluminando al equipo de los individualistas colocan el liberalismo, y al de los colectivistas, el socialismo. Siguiendo este esquema, con los primeros suelen alinear a los partidarios de la libre empresa, el *laissez faire*, la libertad negativa, la diferencia, el interés y lo privado; y con los segundos, a los defensores del Estado intervencionista, el control legal, la libertad positiva, la igualdad, la generosidad y lo público.

Pero si pretendemos aplicarlo a rajatabla, encontraremos serias dificultades para ubicar numerosos hechos. El

51

departamento que diseña la publicidad de masas de Cocacola ¿se compone de individualistas o de colectivistas? ¿En qué bando militaría Tolstoi? ¿Y Gandhi? ¿Qué Gandhi, el que escribió la autobiografía o el líder anti-imperialista? ¿Qué movía a Stalin, el interés o la generosidad? ¿Por qué abogaba Hitler, por el liberalismo o por el socialismo?

Una cualidad destacada de este esquema es su pretensión de universalidad, de ley categórica que superaría todos los conflictos anteriores: el que en la Ilustración enfrentó a la razón con la fe, en el Romanticismo a la imaginación con la razón, y sucesivamente al empirismo con el idealismo, al progreso con la tradición, al proletariado con la burguesía, al internacionalismo con el imperialismo, al feminismo con el machismo y a la tecnología con la naturaleza.

Como todas las soluciones finales, ésta también dicta un camino único para una única meta: el bien común, se nos dice, resultará de la suma de los intereses privados, y el día en que éstos prevalezcan, se nos repite, habremos alcanzado al fin el reino de la estabilidad y la concordia.

En beneficio del individuo y de la colectividad, o en el mío y en el nuestro, o cuando menos en beneficio de la inteligencia, solicito mejores argumentos.

18. El individuo social

Todos recordamos aquel episodio del juez antiguo que, para resolver un litigio, comunicó su decisión de dividir en dos al niño disputado. Su estratagema dio resultado, pues la madre auténtica prefirió renunciar a su maternidad antes que a la vida del hijo. El sentido común viene a decir que lo individual es aquello que no se puede dividir sin que deje de existir como tal. En el caso humano, esta afirmación admite matices. Podríamos amputarnos un dedo, o perder un brazo o una pierna, y aunque se habrían producido cambios en nuestra personalidad, no por ello dejaríamos de existir; también nuestras experiencias y las pruebas a las que nos vemos sometidos a lo largo de la vida van modificando nuestro carácter, pero no por ello, insisto, dejamos de ser en lo fundamental nosotros, porque nuestros recuerdos y nuestros proyectos, que forman un hilo difícil de romper, unen nuestro pasado con nuestro futuro. Memoria e ideación tejen la red de nuestra individualidad. La idea de individuo no es, pues, incompatible con la de cambio, excepto en casos extremos en los que cambios bruscos y traumáticos producen una ruptura con la personalidad anterior, dando lugar a un antes y un después irreconciliables.

La individualidad tampoco está reñida con la sociedad. Es fruto de la observación empírica el que, salvo en alguna ficción literaria, el individuo vive en sociedad, una sociedad regulada por códigos lingüísticos, normas de comportamiento, valores culturales, con una tradición histórica, leyes, instituciones... Frente a los sistemas morales y políticos que se han erigido sobre una idea de la naturaleza del hombre, la estricta observación de la realidad nos lleva a afirmar que el individuo es social, es decir, cultural, político, lingüístico, pero también que la cultura, el lenguaje y las instituciones no son estables y cambian y que el propio individuo contribuye como sujeto a su modificación.

El individuo es singular, pero también compuesto; su singularidad no se basa exclusivamente en hechos no sociales y privados, sino también en la específica disposición de los hechos sociales que lo componen, en su actitud ante ellos, dócil o conflictiva, y en su modo de relacionarse con el resto de los individuos de la sociedad.

No se puede, por lo tanto, hablar de individualismo y de colectivismo desde un prejuicio natural del hombre y de la sociedad, y siempre deben tenerse en cuenta dos evidencias: el individuo es aquello que no es divisible y siempre existe en sociedad.

Parece simple y hasta estúpido, y, sin embargo, algunos se empeñan en negarlo. Con frecuencia, suele hablarse del derecho individual como de un derecho natural, previo a la sociedad y a la política. Esto es falso. En la naturaleza no existe el derecho: los animales tan sólo viven o sobreviven, y o mueren o son asesinados.

Pero volvamos al niño de la leyenda. Se da hoy la situación absurda de que su integridad vuelve a estar en peligro. Una de las madres, probablemente la madre falsa, ha modificado su estrategia. Prefiere que el niño muera antes que perderlo, y no está dispuesta a quedar en evidencia ante los tribunales. Ha difundido la idea errónea de que el derecho individual del niño es natural y así elude la justicia. A su alrededor, ya hace tiempo que todos olvidaron que el derecho a no ser dividido nació en un acto social, e ignoran que sólo en otro acto social podrían defenderlo.

19. El renacer de la agonía

Una de mis novelas preferidas es *El vizconde demediado*, de Italo Calvino. En ella se relata la fantástica historia del vizconde Medardo de Terralba, que en la guerra contra los turcos fue dividido en dos por una bala de cañón, una mitad buena y otra mala. De regreso en sus tierras, la mitad mala se dedicó a reproducir su propia mutilación en todo lo vivo, personas y animales; mientras que la mitad buena, cuando llegó tiempo después, se consagró a reparar los destrozos causados, de modo que... «así transcurrían nuestras vidas, entre caridad y terror». Pero, aunque todos temían al Malo, pronto comenzaron a cansarse del Bueno, que continuamente los sermoneaba, «ceremonioso y sabelotodo», impidiéndoles gozar de la música, a la que acusaba de fútil y lasciva. «De las dos mitades es peor la buena que la mala», se empezaba a decir en Pratofungo, el poblado de los leprosos.

El divertimento de Calvino se puede leer como una alegoría del carácter indisociable del bien y el mal, de la moralidad, pero también, por extensión, de nuestra naturaleza compuesta en todos los órdenes de la existencia.

Sin embargo, en un mundo sin dioses, sin normas morales universales escritas de una vez y para siempre, las categorías del bien y del mal, en cuanto absolutos, ya no sirven y deben ser sustituidas por los principios del derecho. Hoy en día, en los albores del siglo XXI, nos encontramos aún inmersos en esta crisis, larga y profunda, la de la sustitución de la moral de carácter metafísico por el derecho democrático, que se fundamenta en la sociabilidad.

Un pensador contemporáneo que constató de modo explícito el carácter compuesto del comportamiento humano fue Nietzsche, quien afirmó que en cuestiones de moral el individuo, lo no divisible, está diviso, es decir, dividido. Pero como en otros casos, el filósofo intempestivo, que se elevaba hasta lo sublime en algunas observaciones, se hundía en sus propuestas, pues al reivindicar al individuo como un espíritu libre, asocial, él mismo lo estaba dividiendo. Aunque era un gran filólogo, había equivocado los términos: confundió diviso con compuesto, a lo peor tan sólo para hacer un juego de palabras. De este modo, creyendo superar la división, simplemente estaba negando la composición, la dimensión social del individuo, incurriendo en otro tipo de puritanismo, el individualista. Crítico extremo del liberalismo ilustrado, en este aspecto era, sin embargo, puritanamente liberal.

Las ideas son arroyos que divergen y confluyen. Es a través de la falsa concepción de la libertad como un hecho natural, apolítico, saltando del protestantismo a Locke, de éste al anarquismo liberal, de allí a Nietzsche, y luego a Isaiah Berlin y al neoliberalismo, como se ha introducido en la sociedad contemporánea el puritanismo neoplatónico, que consideraba que el individuo es una porción perfecta del alma divina y que no hay otra libertad que la de ser sí mismo, dedicado a la contemplación y rehusando la acción: último resabio de una concepción metafísica y errónea de la identidad individual.

Frente a ello, y eludiendo el extremo contrario del colectivismo, un puritanismo de lo común, sólo cabe aceptar de nuevo el carácter compuesto del individuo social, que no puede dividirse si quiere permanecer íntegro, en permanente lucha consigo mismo, atravesado por una radical incomodidad psíquica.

Algo así como un nuevo vizconde Medardo de Terralba recompuesto y convertido en ciudadano, con una profunda cicatriz cauterizada que lo cruza desde el cráneo hasta la ingle.

Porque el ciudadano es el escenario de una gran batalla, una agonía eterna entre las fuerzas que pugnan dentro de él, y sólo mediante el equilibrio alcanza instantes de paz.

20. La más hermosa armonía

Todas las guerras se han amparado en una causa considerada justa o santa o verdadera. Pero nada entenderíamos si sólo escucháramos las palabras de los charlatanes, los discursos de los demagogos. Puesto que vamos a matar, declaman, nos consolaremos pensando que un dios dirige nuestras balas: el dios de la verdad, el dios de la justicia, el dios del progreso... Cualquier guerra es la lucha entre dos sujetos que se excluyen; cada uno de los combatientes está en posesión de la verdad, de modo que la exterminación de su enemigo será la expresión de un designio divino, superior e infinito.

Querría poder decir que el humanismo nació hace 2500 años en Éfeso. En aquella ciudad de Asia Menor, emplazamiento del templo de Artemisa, cruce de caminos y de pueblos entre oriente y occidente, el norte y el sur, el mundo persa y el griego, Heráclito dijo: «El sol, grande como el pie de un hombre»; y también: «Yo me escudriñé a mí mismo».

Poco más de un centenar de fragmentos, algunos de autoría dudosa, nos han llegado de Heráclito, pero en ellos se afirman algunas verdades que la ciencia no ha podido refutar: ningún ser perdura eternamente y el mundo es diverso.

«No es posible bañarse dos veces en el mismo río».

«Lo contrario se pone de acuerdo, y de lo diverso la más hermosa armonía».

Existe la tendencia a tergiversar el pensamiento de los antiguos para respaldar con su autoridad nuestros propios pensamientos. En mi mesa, al pie de la ventana, tengo tres traducciones de sus fragmentos con sus respectivas interpretaciones, y la una difiere de las otras como un anciano del niño que fue. Esto, lejos de debilitar a Heráclito, vuelve a confirmarlo, porque alzo la vista y me digo que el sol que yo veo no es el mismo que contemplaron los tres traductores ni el que iluminaba las murallas de Éfeso: «El sol es nuevo cada día».

Se ha dicho con frecuencia que Heráclito consagraba la guerra. Esto es cierto si nos atenemos al siguiente fragmento: «La guerra es el padre y el rey de todas las cosas. A algunos ha convertido en dioses, a otros en hombres, a algunos ha esclavizado y a otros ha liberado».

Pero hay un elemento aún más importante en su escritos, y es la expresión de antinomias que reflejan no un combate a muerte entre identidades excluyentes, sino un juego de posiciones contrarias: «El camino que sube y el que baja son uno y el mismo».

Por primera vez en la historia de la humanidad, se aunaban dos fórmulas para expresar una misma realidad, el camino, que es distinto para dos posiciones, pues para el hombre que asciende por él es una subida, y para el que lo desciende una bajada.

Las posiciones encontradas están llamadas a luchar y a contradecirse, y por eso Heráclito es el fundador de la dialéctica, el primer filósofo que abogó por el debate público entre adversarios. Porque unas alimentan a las otras, se necesitan, y la lucha no se produce entre realidades metafísicas, sino entre posiciones contingentes. Los combates de Heráclito no se establecen entre guerreros irreconciliables, sino entre luchadores sometidos a una ley común. Utilizaba un mismo término, «pólemos», para referirse tanto a la guerra como al conflicto, y por esto quizá no llegó a vislumbrar las implicaciones futuras que anticipó genialmente: que las guerras nacen del deseo fanático de eliminar al enemigo, de la negación de la diversidad y la creencia ciega en la identidad, mientras que, por el contrario, la aceptación de la pluralidad, de la provisionalidad y del conflicto entre partes que, conscientes de la contingencia de sus posiciones, se reconocen como complementarias, está llamada a acabar con las guerras.

El humanismo no nació hace 2500 años, pero sí asomó entonces por primera vez la cabeza al mundo.

«Ellos no comprenden cómo los contrarios se funden en la unidad: armonía de tensiones opuestas como la del arco y la lira.»

21. La culebra

Después de haber caminado durante largo rato, es un placer detenerse. Para tomar asiento bastan una piedra plana o la sombra de un árbol; pero si atardece y no llueve, la simple hierba de un claro en el bosque puede ser suficiente.

Dejas tu carga a un lado, te descalzas, limpias con agua las rozaduras de los pies. Reposas la espalda en la hierba. Cierras los ojos y escuchas sonidos en los que antes, cuando caminabas, no habías reparado.

Ahora se mide mejor el camino recorrido, se valora cada repecho. Ya has despejado una duda, la de si serías capaz de salvar aquel obstáculo. Y los obstáculos que aún encontrarás y el que finalmente te vencerá no podrán cambiar este hecho: aquel lo superaste y, abriendo una vía nueva, has contribuido a que también lo superen los que vendrán detrás de ti.

Debes proseguir. Otras dos horas de marcha antes de la próxima parada. Quizá allí encuentres a los que te preceden, para charlar y aprender historias y experiencias. O quizá estés otra vez solo.

Prepárate para lo peor, y así disfrutarás de esas pequeñas alegrías que la mayoría ignora.

Pero no te quejes. Para otros ha sido más difícil: tienen peor calzado, agotaron las provisiones y, en el último cruce, creyendo ir al sur tomaron el camino del norte.

Phoolan Devi, la Reina de los Bandidos, era aún adolescente cuando durante varios días fue arrastrada desnuda de aldea en aldea y violada repetidamente. Un viejo bondadoso, que pagó su valor con su vida, la liberó, y Phoolan huyó campo a través. Después de otros tres días de acoso, tenía tanta sed que estaba dispuesta a entregarse a la policía, aun sabiendo que la matarían. De pronto, sin embargo, apareció una culebra grande, amarilla y negra, que alzó la cabeza y la miró con ojos dorados.

Phoolan no temió ser mordida y habló con ella: de sus sufrimientos, de la pesadilla por la que acababa de pasar.

La culebra giró y se alejó, se acercó de nuevo, repitió el mismo gesto varias veces. Mostró a Phoolan el camino de un manantial. Tan sólo un pequeño manantial entre las rocas.

Luego, igual que había venido, desapareció.

Ojalá todos encontremos alguna vez en nuestro camino una culebra amiga.

22. La civilización como un arte

La mano del artista está movida por fuerzas que él no ha dispuesto y de las que no suele ser consciente.

Sabemos que en la producción cultural de una civilización intervienen factores como la economía y la organización social y política. También sabemos que la creación específica de un artista no es independiente de su formación ni de las contingencias de su biografía.

Sabemos todo esto y, pese a ello, el artista contemporáneo goza de un enorme prestigio social.

Hay un arte rutinario que nos conforta en la belleza aprendida y convencional, repetitiva, pero hay otro en el que irrumpen rasgos singulares e imprevistos que nos sorprenden e inquietan. Al primer tipo la sociedad actual le ha reservado el lugar de arte menor, y al segundo le asigna la categoría de original.

Podría escribirse un libro destinado a demostrar que a lo largo de la historia tiranos, reyes, políticos y hombres de negocios han destinado esfuerzos ingentes a someter estos elementos impredecibles o a ponerlos de su parte, unas veces mediante castigos y coacciones o la condena a la exclusión, otras mediante mecenazgos, premios y falsos halagos: el rey besa ante el pueblo los pies del pintor que lo retrata conforme a su dictado. En pocos años, hemos pasado de reivindicar la figura del artista comprometido a despreciarlo. En algunos casos, su creación obedecía a consignas de grupo o a un plan previo que debía respetar. Por eso mismo, se había vuelto repetitivo, rutinario. En la actualidad, el artista no es más libre por haber roto su compromiso. Si durante un tiempo besó los pies del rey que le permitía retratarlo, ahora besa los pies de un rey nuevo por una paga y cinco segundos de gloria ante el pueblo. Pero también él ha dejado de inquietarnos.

En cualquiera de los dos casos, asistimos a una subordinación de la creación y la inteligencia al poder, sea éste político o económico. Se diría que la cultura ha pasado de ser parte de la política a pertenecer a la economía, y que si se emancipa de la economía caerá de nuevo en las redes de la política.

¿Qué hacer?

Imaginemos otra cultura. No besemos los pies de nuevos reyes ni permitamos que ellos besen los nuestros. Imaginemos, por un momento, que la cultura no es parte de la economía ni de la política, sino que éstas son parte de la cultura. Imaginemos que la economía y la política son disciplinas artísticas.

Pensemos la civilización como un arte.

23. Elogio de la ignorancia

Se puso en pie y, alzando la mirada y sus brazos cargados de cadenas, le gritó a su destino, a nadie: «¿Por qué me empujaste a cometer asesinato?»

Que la escena sea representada por un actor de carne y hueso o que asistamos a una función de títeres carece en este caso de importancia. Un párrafo después del asesinato, también el reproche estaba escrito en el guión.

Hemos diseccionado el cerebro y hemos observado al microscopio las neuronas. Sólo la inercia o la soberbia pueden ya explicar que algunos se sigan reclamando poseedores de libre albedrío. La aportación más contumaz del platonismo cristiano a la civilización occidental, lejos de hacer al individuo más libre, lo convirtió en más sumiso. Porque ¿cómo hubiera podido ser libre un ser culpable?

Al materialismo moderno, y específicamente al materialismo histórico, se le ha reprochado lo contrario. Si la conducta humana es el resultado de fuerzas mecánicas, susceptibles de ser contabilizadas, nadie puede ser juzgado. Porque ¿cómo puede señalarse culpable a un ser que está determinado?

El hecho es que toda sociedad castiga las conductas anómalas, heterodoxas, cuando éstas subvierten los límites de su orden y lo ponen en peligro, y que deja de sancionar los mismos actos cuando éstos se convierten en normales, ortodoxos y ordenados, conformes a la ley. Tampoco el «no matarás», considerada la primera norma de la sociabilidad, constituye sin embargo un absoluto. Las sociedades castigan el asesinato cuando representa una conducta anómala, pero si se normaliza, entonces lo disculpan y lo alientan, y el muerto se convierte en un ajusticiado o en un caído en combate. Esto es así y seguirá siendo así, si la civilización no pretende autodisolverse y condenar a la humanidad a tres mil años de soledad.

Tanto el platonismo cristiano como el marxismo ortodoxo plantearon erróneamente el problema moral, el primero culpando al individuo y el segundo menospreciando la individualidad. Ni el individuo es soberano de sus actos ni éstos pueden ser contabilizados. Ni puede cargarse a sus espaldas una responsabilidad metafísica ni pueden computarse, preverse y controlarse todos sus condicionantes y cada uno de sus movimientos. El libre albedrío no existe, pero sí la singularidad, y ésta es compatible con la determinación. Qué importa que los actos de un individuo estén determinados si no podemos preverlos ni controlarlos. El individuo es imprevisible y fantasioso, y la moralidad de un acto singular depende del juicio de los demás. No hay más juez que los demás, no existen otro cielo ni otro infierno que los otros. En una cultura inevitablemente científica y materialista, nuestra ignorancia, en el sentido de un orgulloso querer saber y una humilde aceptación de que no alcanzamos a saber, es el más firme suelo de que disponemos para el ejercicio de las libertades individuales.

Surge ahora una cuestión más relevante: dilucidar cuándo y por qué una conducta singular, heterodoxa, desobediente, no sólo no es punible, sino que, desbordando la simple tolerancia, se hace merecedora de nuestra simpatía y de nuestra admiración.

La pregunta se planteará una y otra vez, pero la única respuesta definitiva que podemos permitirnos es que nunca lo sabremos del todo.

24. Orden y desorden

Los mitos de sacerdotes, reyes y ricos nos harían reír si su comicidad no fuera muy inferior a la injusticia que generan y prolongan. Dios no grabó las tablas, sino Moisés, la sangre de un noble no se distingue de la de un mendigo y las leyes del mercado las dictan a diario quienes acumulan capacidad de decisión económica, política, social y cultural. Teocracias, reinados y corporativismo coinciden en pretender perpetuar la situación privilegiada y el interés de un grupo de hombres mediante el engaño de que la ley fue escrita en instancias que escapan a la acción de los hombres.

La democracia ideal es el único sistema cuyas leyes reconocen haber sido establecidas por quienes deben cumplirlas. Por ello, antes que un modo de elección de gobierno y creación de derecho, es un sistema cultural. Sus principios de valor, la igualdad y la libertad, no son verdaderos, pero sí los únicos principios que no son falsos, pues su piedra de toque no es la verdad, sino la justicia. Nunca se realizan y nunca desaparecen del horizonte. Las leyes que en ellos se amparan se mostrarán tan frágiles y resistentes como frágil o resistente sea la decisión de los ciudadanos.

Extraña fortaleza la de un sistema cuyo orden legal rechaza todo orden que se pretenda natural. Por saberse precaria y acechada por el interés de las falsas jerarquías que ansían perpetuarse, siempre necesitará del desorden y la desobediencia para hacerse más fuerte.

Escribió Heráclito que «el pueblo debe luchar por la ley como por sus murallas».

Las murallas de la ley nunca deben ser tan altas que un niño del pueblo no pueda escalarlas.

25. Una cultura autónoma

Una civilización que se sabe precaria y perfectible necesita siempre nuevos horizontes. Sólo la cultura puede inspirarlos, de ahí que la disociación entre la cultura creativa y las manifestaciones rutinarias de la civilización sea clave para que una sociedad evite que sus aguas se estanquen y se pudran.

En una sociedad democrática, el reto es aún mayor. La desobediencia contra el derecho natural, siempre en proceso de reconstitución, y el proyecto de leyes más libres e igualitarias exigen que la cultura brote con autonomía de las instituciones y de los centros de decisión económica.

Una cultura autónoma. Ése es el viejo arte nuevo que debe llegar, y que nosotros apenas si entrevemos.

Una cultura al mismo tiempo realista e idealista, racional y romántica. Realista en cuanto que rompe el disfraz de las falsas jerarquías, e idealista en cuanto que imagina un umbral que se puede cruzar; racional porque despliega los recursos de la crítica, y romántica porque echa a andar sin asegurarse de adónde la llevan sus pasos.

Una cultura tan fuerte que es capaz de animar una civilización, y tan frágil que hay que sostenerla apenas con los labios.

26. La realidad y la literatura

Demasiada ciencia es perniciosa para la vida, venía a decir Nietzsche. El conocimiento nos incapacitaría para la acción, convirtiéndonos en boyas zarandeadas por las olas, sin otro fin que permanecer fijas en el mismo punto del mar. El mejor realismo contemporáneo parece haber oscilado entre los dos extremos del naturalismo y lo social, por un lado, y el nihilismo subjetivo, por el otro; entre la pretensión de transformar la realidad mediante el conocimiento acabado de ésta y la anulación de la subjetividad que su conocimiento profundo implica; entre la ingenuidad y el fatalismo. En *El árbol de la ciencia*, Pío Baroja explora esta cuestión. Su personaje, Andrés Hurtado, piensa demasiado, sabe demasiado, pervierte su sensualidad, queda lastrado para el ejercicio de la vida. Finalmente, se suicida. Pero es aquí donde la narración se frustra. Los nihilistas desencantados no se suicidan. El suicidio o es un acto pasional, irracional, o es la expresión de una protesta racionalizada y definitiva, ejemplar, nunca un acto indolente. El siglo xx ha sido rico en sobrios apologistas del suicidio que nunca se suicidaron, como Ciorán.

El nihilismo absoluto es psíquica y lógicamente imposible. La manifestación literaria del nihilismo es ya un acto vital, pues convierte al paciente nihilista en un actor que se expresa. En este sentido, un escritor nihilista que se declara pasivo es o idiota o hipócrita, o ambas cosas.

La literatura nihilista, al despojar a la realidad de sus falsas deidades, de sus mitos y prejuicios, alumbra una realidad libre de imposturas y muestra a un personaje que sólo tiene una opción vital: ser sujeto de su existencia y animar una figura de barro en el vacío.

27. El sujeto involuntario

Aceptemos por un momento que la historia es, como quería Marx, un proceso racional ajeno a la voluntad consciente del hombre; nuestro papel se limitaría a conocer los mecanismos de la evolución histórica y a dejarnos arrastrar por ellos. El sujeto marxista se halla encadenado a la historia social, subordinado a su engranaje. La conclusión lógica es que, aunque no se hubiera dispuesto de una teoría marxista, habría existido un movimiento social e histórico de carácter marxista. Una paradoja de su teoría, sin embargo, reside en no asumir que el movimiento marxista sólo fue posible gracias a ella, pues ella lo estructuró, y una de sus limitaciones, en no profundizar en las consecuencias que se derivan de su reconocimiento. Ambas, práctica y teoría, caminaron siempre juntas.

Podría decirse entonces que también Marx barruntaba en el fondo de sí mismo que «el conocimiento nos hará libres». En esto se muestra moderno, pero también platónico: para Platón, la razón era, más que un método, un hecho.

«Dadme una verdad, un enemigo y un ideal, y promoveré una revolución», podía haber dicho un pensador posmoderno. Marx aportó una presunta verdad, el materialismo histórico, desveló un enemigo, el capital, y propuso un ideal, el comunismo. La medida de su influencia radicó en la validez de su verdad, la dureza de su enemigo y la belleza de su ideal. También en ellas se gestó su quiebra. Grandeza y fracaso. El sujeto marxista se consideró a sí mismo depositario de la verdad y del destino histórico, y se frustró. Creyendo hacer ciencia, Marx esbozó las claves de la emersión del sujeto político, del arte social, pero al no reconocerlo como tal y subordinarlo a un mecanismo superior, lo condenó a la arrogancia del maximalismo y a la humillación de la irresponsabilidad.

28. La nueva modernidad

Para ilustrar la diferencia entre un optimista y un pesimista, solía contarse el caso de la botella con líquido por la mitad; mientras que para el optimista la botella estaba medio llena, para el pesimista estaba medio vacía. Para ambas personas, la botella y el líquido (la realidad) son los mismos, y también debe ser el mismo el conocimiento que de ella se tiene, cuando se expresa con un lenguaje común aceptado: la botella, de un litro de capacidad, contiene 500 mililitros. Lo relativo es la valoración (poco, mucho), que dependerá de la situación concreta de cada uno de los sujetos y de su carácter, así como de lo que hayan proyectado hacer con el líquido.

Conocimiento, valoración y proyecto, o ciencia, pragmática e ideal, son los tres planos que se yuxtaponen en todo hecho cruzado por la subjetividad.

El posmodernismo, en su versión vulgarizada y más absurda, mezcla los tres planos: puesto que el lenguaje nunca define ni reproduce la realidad, concluye que cuando hablamos de una botella con líquido alguien puede entender «un elefante con sombrero»; confunde valoración con verdad, es decir, que cualquier valoración es válida, aunque niegue la realidad, así que el pesimista puede acusar al optimista de haber bebido tres cuartas partas de la botella; y cualquier proyecto es legítimo, también el de querer apropiarse de la botella para disponer arbitrariamente del líquido. Por el contrario, en una sociedad neomoderna, sólo son legítimos los proyectos que se saben amparados en la imaginación y que, reconociendo la imaginación del otro, no pretenden dominar; toda valoración subjetiva tiene en cuenta la subjetividad del otro; y la realidad sólo puede comunicarse en un lenguaje común. De ahí que el primer fundamento de la nueva modernidad sea la sociabilidad de los sujetos.

29. Nietzsche ha muerto

La ciencia contemporánea ha aceptado que el sujeto que observa se convierte en una nueva variable y modifica la realidad. Por ello, antes que quedar impedida de acercarse a la realidad observada, cuyo conocimiento será siempre aproximativo, se reconoce incapaz de predecir el futuro. Si el presente es la república de una ciencia definitivamente humilde, el futuro y la historia quedan abiertos a los embates de la imaginación. No existe, por tanto, una razón histórica ajena a las subjetividades; ellas crean la historia.

Racionalizar la historia y la sociedad es, lejos de acomodarla a un plan previo que escapa a la acción de los hombres, someterla a la lucha de los sujetos sociales, a su dialéctica y a las resoluciones imprevisibles que de su debate emanan.

El lenguaje es una espada con destellos de la verdad.

La racionalidad debe empuñar sabiamente y con justicia la espada del lenguaje.

Cuentan que Zaratustra volvió a bajar solo de las montañas, sin encontrarse con nadie. Al llegar al bosque se cruzó de pronto con un anciano que había dejado su santa choza para ir a buscar raíces a la arboleda. Y el anciano le dijo a

Zaratustra: «No me eres desconocido, viajero, porque hace años que pasaste por aquí. Pero... no puedes volver. ¿Acaso no sabes que has muerto?»

30. Un instante

En este instante las pequeñas cosas y las grandes se armonizan. Las pasadas, las presentes y las futuras. Las cercanas y las distantes.

La montaña de rocas de diez mil años no vale más que el brote de una hierba que esta tarde habrá quemado el sol. El juego de dos amantes que se besan a la sombra de un saliente es tan violento como la batalla que enfrentó en el valle a los ejércitos de dos naciones. El recuerdo del grito de un soldado al morir llega a tus oídos con la fuerza del vuelo cálido de un moscardón, que sobrevuela tu pecho y se aleja, y vuelve y se posa en el cáliz de una flor corva.

A cien metros bajo tierra fluyen aguas subterráneas, y en unas gotas del mar está disuelta la sal que ingirió Sócrates su último día, tan importante, tan insignificante, como la sal y la arena que pisa un caballo.

Tu espalda es parte de la tierra en este instante. Y tus ojos y tu blusa están hechos de la misma materia que la encina, como la mano que acaricia una piel que no importa que sea la tuya.

En este instante, el mundo y la vida son cosas que suceden.

31. Esplendor de la existencia

A los hedonistas nos gusta a veces pensar que los demás también buscan el placer, la armonía y el equilibrio, que aman la vida e intentan dotar a la existencia de significación profunda. Dos mil quinientos años de negación occidental de la vida parecen contradecir nuestros deseos. ¿Cuántos hombres y mujeres han mostrado la espalda a un fruto sabroso y han muerto de inanición con tal de no ser expulsados de un paraíso en el que, sin embargo, les eran negados los bienes que albergaba?

La negación del placer, la armonía y el equilibrio, y el rechazo de la vida y de la responsabilidad de dotar a la propia existencia de significación, también parecen ser constantes humanas; como el niño que, tapándose los ojos, cree que el mundo desaparece, o el adolescente que, incapaz de tomar una decisión, delega su responsabilidad en un grupo de adolescentes irresponsables que tampoco pueden tomar decisiones.

El mito religioso judeocristiano expulsó al hombre del paraíso y lo puso a trabajar; luego llevó el paraíso allí donde el hombre no pudiera alcanzarlo ni regresar para contarlo, a la muerte.

El fundamento de nuestra sociedad continúa siendo el trabajo: el producto del trabajo, la alienación y el comercio del capital producido por el trabajo, la acumulación del capital que el trabajo y el comercio producen, la herencia del capital acumulado. Ha sido capaz de crear incluso un sucedáneo del placer, el consumismo productivo, de modo que cuando creemos divertirnos, compulsivamente, también producimos.

Sin embargo, las falsas dialécticas no se destruyen ni negando ni enfatizando uno de sus términos. La negación del trabajo no puede crear el paraíso porque el paraíso sólo es un mito fundacional. Marx reivindicó un paraíso final y el liberalismo ha reformulado el mito, convirtiendo el paraíso en un destino turístico.

Puesto que el trabajo y el comercio, cualidades específicamente humanas y necesarias, no se pueden negar, la cuestión sería a qué otra cualidad específicamente humana, más poderosa, más sofisticada, tan necesaria como ellos, podemos subordinarlos.

¿Serán capaces la racionalidad y los procesos de decisión democráticos de someterlos? ¿Conquistaremos por la participación, por el derecho, un mayor esplendor de la existencia?

32. El conocimiento transversal

Las actuales teorías del conocimiento son el resultado del mestizaje entre la experiencia y la razón, en cuanto facultad de pensar. Razonaba Bertrand Russell que «el empirismo como teoría del conocimiento ha demostrado ser inadecuado, aunque menos que cualquier otra teoría anterior del conocimiento». Su limitación estribaría en que nuestro conocimiento de los principios generales no puede basarse en la experiencia, y su éxito, en que éstos sólo son válidos cuando la experiencia los confirma.

Para un simple diletante como yo, resulta difícil imaginar una teoría del conocimiento que supere en verdad a los frutos de la pareja compuesta por razón y experiencia. Sin embargo, esta visión epistemológica de la ciencia quedaría coja si no se complementara con otra económica, política y social. A menudo los científicos y los filósofos, encerrados en sus laboratorios y sus gabinetes, minimizan con talante puritano el procedimiento colectivo por el que el conocimiento se gesta: en el lado de lo económico y de lo político, se encuentran la empresa o la institución que promueven un proyecto y lo proveen de fondos; en el lado de lo social, se hallan la controversia con sus colegas y el diálogo con los representantes de otras tradiciones y escuelas, que contribuyen a enriquecerlo. Por ello, aunque la teoría del conocimiento es racional y empírica, su gestación es transversal.

Si esto es así para la ciencia, para la búsqueda de la verdad, ¿cómo no ha de serlo cuando descendemos al terreno de nuestras relaciones económicas, sociales y políticas, de nuestra lucha por la vida y de las opiniones que conforman tales relaciones? ¿o cuando entran en juego nuestros ideales y los valores que los legitiman?

Decía Pico della Mirandola, hace más de cinco siglos, que «de la misma forma que las fuerzas corporales se robustecen con la gimnasia, el vigor de la mente sin duda deviene más firme y se acrecienta en esta especie de justa literaria» que es el debate. Este tipo de contiendas son tan honorables como necesarias para adquirir la sabiduría».

«Acudamos ya a la lid como al son de los clarines de guerra», invitaba.

33. La suplantación liberal

«Hay aún otra filosofía que, en lo fundamental, es consecuencia del liberalismo, es decir: la de Marx». La primera vez que leí esta afirmación, el estupor se abrió paso. ¿La filosofía de Marx, enemigo irreconciliable del liberalismo, una consecuencia del propio liberalismo filosófico?

Afirma Bertrand Russell que la primera exposición comprensiva del liberalismo se halla en Locke, a finales del siglo XVII. La frase «el primer postulado de la teoría del conocimiento es, indudablemente, que las sensaciones son la única fuente de nuestros conocimientos» podría haberla firmado, en efecto, Locke, en su libro *Ensayo sobre el entendimiento humano*, y sin embargo su autor es Lenin, a principios del siglo XX, en el libro *Materialismo y empiriocriticismo*.

Siguiendo la argumentación de Bertrand Russell, el liberalismo primitivo, que surgió en el siglo XVI en Inglaterra y Holanda, se hallaba vinculado al protestantismo y se caracterizaba por defender la tolerancia religiosa, valorar el comercio y la industria, restringir el derecho hereditario de la monarquía y la aristocracia y tener un inmenso respeto por los derechos de propiedad. Un siglo después, Locke, que sistematizó el carácter de su época, añadió a estas características básicas el empirismo y la reflexión sobre la necesidad de la división de poderes.

Pero el marxismo, movimiento más social y económico que político, no reflexionó sobre la división de poderes, y aunque estimó la industria y abolió el principio hereditario, no se distinguió por la tolerancia religiosa ni por respetar los derechos de propiedad. El único punto de encuentro entre liberalismo y marxismo se halla, precisamente, en la teoría del conocimiento, que no es específicamente liberal, sino empirista. Si bien Locke la desarrolló, ya se halla en Francis Bacon, que era un ortodoxo religioso, y previamente había sido aplicada de un modo necesario, menos teórico que práctico, por los científicos de la modernidad: astrónomos, naturalistas, médicos. Como el propio Bertrand Russell afirmaría, contradiciéndose, entre el movimiento liberal y el movimiento marxista del siglo xx sólo había un punto en común: ambos eran racionalistas y empiristas. El marxismo, quizá para oponerse al liberalismo, negó o despreció elementos que consideraba específicos de éste, como la división de poderes o la tolerancia religiosa, pero que en verdad eran elementos propios del humanismo moderno.

La división de poderes, expuesta en Locke y continuada por Montesquieu, ya fue esbozada casi doscientos años antes por Maquiavelo, que no era liberal, sino humanista. En sus *Discursos* (1513-1521) reitera la necesidad de frenos y equilibrios, doctrina que tomó de las experiencias democráticas antiguas y de sus propias reflexiones sobre la historia reciente de la Italia del Renacimiento. Y la tolerancia religiosa, reivindicada asimismo por Locke, fue ya defendida en la *Utopía* (1518) de Tomás Moro, que no era ni protestante ni liberal, sino un jurista católico al servicio de las instituciones inglesas. Cuando Bertrand Russell define su *Utopía* como «asombrosamente liberal», está aplicando su categoría predilecta de modo retroactivo, pues Moro, por formación, profesión, talante y época, no podía ser liberal; era un humanista.

El liberalismo, que se gestó con pujanza en el periodo de quiebra del humanismo moderno, tomó de éste algunos elementos, los desarrolló e integró, añadiendo otro, el «inmenso respeto por los derechos de propiedad», que responde a la emergencia de los comerciantes e industriales privados y a sus intereses. Que el liberalismo como doctrina dominante haya acabado entregando la hegemonía a los detentadores de tal derecho de propiedad incontestada es una consecuencia lógica, pues ése es el único elemento específico del liberalismo.

Concluye el liberal Bertrand Russell un breve comentario sobre Locke afirmando que «una vez que haya sido creado un Gobierno internacional, gran parte de la filosofía política de Locke será aplicable de nuevo, aunque no la de la propiedad privada».

Deseamos que sea cierto y que se instaure un modelo más igualitario que respete las libertades subjetivas y restrinja el derecho de propiedad, evitando la acumulación capitalista sin límites y su conversión en poder social y político. Pero en consecuencia los principios de tal modo de gobierno ya no serán ni marxistas ni liberales, sino un fruto maduro del humanismo moderno.

34. En busca de la pluralidad

El humanismo moderno surgió cuando el ciudadano renacentista se emancipó de la autoridad eclesiástica. Frente a la teocracia, un ser diverso, cambiante y libre de crear su propio destino individual y colectivo. Puede decirse, sin embargo, que muy pronto se sustituyeron las certezas teológicas por las certezas de la ciencia. Ya no se trataba de acomodarse a los dictados de dios, sino a los de la verdad. La misma pasión por la verdad encendió el ánimo de los jacobinos, de los capitalistas y de los bolcheviques, y todos ellos creyeron estar en armonía con el progreso histórico, una línea paralela a los avances del conocimiento. Las corrientes políticas y económicas progresistas triunfantes anhelaban el dominio, pues cada una de ellas representaba la solución única para los problemas de su tiempo.

Puesto que todas ellas se reclamaban empiristas, ¿no se hallará en el empirismo el veneno del dominio? ¿o se hallará quizás en la propia pretensión de verdad?

Todavía tenemos los oídos castigados con las peroratas de los charlatanes que confundían incertidumbre con indeterminación y traspolaban la teoría de la relatividad de Einstein al multiculturalismo. Aunque la ciencia del siglo xx ha caminado por los vericuetos de la incertidumbre y de una lógica sin correspondencia con la realidad, eso no le ha impedido seguir descubriendo claves para la comprensión del universo.

Es cierto que el empirismo establece una línea directa del sujeto con la experiencia. Este conocimiento es unidireccional, con independencia de que la sensación sea un reflejo de la realidad material, como pretendía Lenin, o un producto idealista, como quería Berkeley. Un sujeto con experiencia, con conocimiento, ¿será entonces un sujeto dominante?

La válvula de escape del dominio y del autoritarismo no es que el sujeto deje escapar la verdad o reniegue de ella, sino que haya varios sujetos que piensen, actúen y se acepten mutuamente como adversarios que debaten. La vacuna contra el dominio no es la estupidez, sino la pluralidad. Y la pluralidad no se da tanto en el terreno del conocimiento, aunque también, como en el de los valores y los proyectos, no es tanto un asunto científico como una cuestión política. No puede haber dos verdades al mismo tiempo, la verdad o es una o no es verdad, aunque aún no la hayamos alcanzado, aunque nunca la alcancemos, pero proyectos e ideales puede haber muchos, tantos como personas que sueñan y piensan.

Hay una fotografía que retrata un numeroso grupo de personas un día de sol. Permanecen en pie y miran todas al mismo punto, con las manos haciendo visera. El objeto que observan se encuentra fuera del encuadre. Podría ser un avión que despega o un orador que habla en una tribuna o un eclipse solar. Esas personas establecen una línea directa con la realidad; se trata de una relación de una sola dirección. Observan, están concentradas en el objeto. En una segunda fotografía que nunca existió el espectáculo acababa y se giraban sobre sí mismas, se miraban, se hacían comentarios las unas a las otras, dialogaban. Entonces se desencadenaba la común actividad del pensar. «El pensamiento único» resulta una etiqueta imposible. Un pensamiento que se pretenda único socavará su propio suelo. Para pensar políticamente, como para usar el lenguaje, siempre hace falta otro, aunque el otro esté ausente, un otro que nos rebate, nos corrige, nos exige, nos enseña. El lenguaje es social, y sin lenguaje no hay pensamiento.

El pensamiento es hijo de la pluralidad. Pero de la pluralidad también son hijos el fuego y el conflicto. Y la justicia.

35. El arte de vivir

La ciencia es necesaria para explicar el mundo, pero insuficiente para vivirlo.

Para muchos de nosotros, aunque no tengamos una formación científica especializada, nuestro modo de ver el mundo pasa por el filtro de la ciencia. Nuestra cosmovisión es científica. Nuestro universo intelectual está formado por átomos, quarks y elementos aún más pequeños, existen agujeros negros tan densos que su fuerza de gravedad retiene la luz, y el código genético de un humano no difiere gran cosa del de un mono ni del de un gusano... Pensamos así aunque nunca hayamos pisado un laboratorio de física, mirado las estrellas con un telescopio o visto una célula al microscopio. La ciencia aduce pruebas, y las pruebas están ahí para quien quiera tomarse la molestia de reproducirlas.

Sin embargo, ningún microscopio, ningún telescopio y ningún túnel de aceleración de partículas podrían explicarnos nunca cómo vivir, ni porqué, ni para qué. El calcio del hueso de un recién nacido y el de un anciano moribundo son el mismo, el potente telescopio se pierde más allá de una hermosa puesta de Sol, y el rostro de tu amante ¿qué es, después de todo?

91

Piensan algunos científicos que todo lo que no es ciencia está contra la ciencia, es anticiencia. Pero el arte y lo político no están contra la ciencia. Si el arte y lo político no pueden decirnos cómo son las cosas, la ciencia tampoco entiende de belleza ni de justicia. Hay tanta verdad en la celebración de un espectáculo deportivo un día de sol como en una playa desierta el día después de una guerra nuclear. El humanismo y la ciencia no son antagónicos, sino complementarios. Se diría que el arte de vivir es una niña que se encarama en la ciencia, y que al estirarse roza la belleza y la justicia con los dedos.

36. El arte de lo político

El individuo no sólo vive en sociedad, sino que lo social vive dentro de él. Cada uno de nosotros es el cruce único de una historia, unos paisajes, unos idiomas y culturas, unas condiciones económicas... con los avatares irrepetibles de una biografía. Partiendo de esta realidad, interpretar el derecho y la política como una lucha entre lo individual y lo colectivo es un contrasentido, una maniobra de distracción: mientras el tren avanza en un sentido, el revisor nos conmina a mirar por las ventanillas de la derecha o de la izquierda; cualquiera que sea nuestra elección, el tren proseguirá su avance por la misma vía.

Se podría decir que el derecho es individual en la medida en que cada uno de nosotros es depositario de derechos (el derecho a una vivienda, a una atención médica, a una educación, a unas garantías jurídicas, a expresar las opiniones, a la propia imagen o a la privacidad de las comunicaciones y del domicilio) y que es colectivo en la medida en que estos derechos son compartidos por todos y que también desde las instituciones comunes se garantizan. Si bien el reconocimiento social liberal de los derechos individuales y su defensa desde las instituciones son necesarios, tampoco son suficientes. Puesto que el individuo está inmerso en lo social, puesto que lo social conforma al propio individuo, el reto de la profundización de la democracia es que el individuo pueda asociarse libremente y participar de modo efectivo en la organización de lo social. ¿Existiría mayor libertad que la de decidir en qué colectivo nos incardinamos y qué papel jugamos en él? ¿sería posible una organización más igualitaria que aquella en la que se ha eliminado la arbitrariedad y se participa sin coerción en la toma de decisiones?

Lejos de negar los derechos del social liberalismo, el radicalismo democrático los completa, al colocar en el centro del escenario los valores ciudadanos de la libre asociación y de la participación política.

37. El arte de la justicia

Se diría que si algo es justo, debe serlo siempre, en cualquier momento y en cualquier circunstancia. Sin embargo, puesto que cada época y cada civilización han tenido una idea dominante de la justicia, ocurre que lo que era justo y ya no lo es, en realidad nunca lo fue.

Una idea acabada de la justicia, como un ser definitivo, un Estado, una estructura o sistema, parece llevarnos a esta conclusión: que si la justicia es un modo de ser las cosas, entonces un sistema justo sería un sistema cerrado, en el que nada se cambia ni se modifica ni se subvierte... un sistema en el que ya no se puede pedir justicia, porque la justicia ya existe. ¿Será el sueño de la justicia un sueño totalitario?

Pensemos que la justicia sólo es el proceso por el que se crean las leyes. El vértigo que sientes cuando te asomas al vacío desaparece cuando echas a andar por tierra firme.

Pero «¿es un dios o es un hombre aquel a quien atribuís el origen de vuestras leyes?» se preguntaba Platón.

No, las leyes las hacemos nosotros, que nos reconocemos como iguales, y nunca son definitivas, porque nos reconocemos como libres.

¿Será entonces la justicia un hacerse permanentemente? ¿un arte?

38. Un diccionario radical

El mayor motivo para seguir hablando es que no podemos dejar de hacerlo. El mundo no está hecho de palabras, pero nuestro pensamiento sí. Con palabras intentamos comprender la realidad y a nosotros mismos, comunicar nuestros pensamientos, emociones y experiencias, con palabras también amamos y odiamos, y armados de palabras intervenimos como sujetos en la realidad. Tampoco esto podemos dejar de hacerlo. El mundo cambia cuando se aprieta el botón y también cuando se decide no apretarlo. Nunca el mundo ha dejado de cambiar porque un santo varón se haya cruzado de brazos en su celda.

Pero el mayor motivo para dejar de hablar es la costumbre humana de expulsar las palabras como desechos. Al contrario que los excrementos, la basura lingüística se reconoce porque no huele, o porque los desperdicios de pescado huelen a rosas y los de rosas a papel húmedo. Las palabras que no huelen no significan nada, y las que equivocan su olor acaban oliendo tan sólo a papel podrido.

Necesitamos un diccionario radical que devuelva a las palabras su olor.

39. Los terrenos de la libertad

Yo no sé qué significa la libertad, excepto si es el chicle de la sociedad contemporánea, de una democracia liberal cada vez menos democrática y menos liberal, un sistema de grupos de interés presidido por las grandes corporaciones capitalistas.

Un diccionario tradicional afirma que la libertad es «la facultad natural que tiene el hombre de obrar de una manera o de otra, o de determinar espontáneamente sus actos». Sin embargo, pienso que quien busque la libertad en el espíritu acabará encontrando entre las neuronas un impulso electroquímico.

El mismo diccionario añade que también puede considerarse como una condición. Un hombre libre, absolutamente libre, sería entonces aquel que no esté preso ni sea esclavo ni padezca coerción alguna. Tal situación sin condiciones sólo se hallaría en la soledad de los campos, allá donde no hay Estado, ni sociedad, ni familia, ni lenguaje, ni memoria… cuánto nos condicionan nuestros proyectos y anhelos, nuestro propio pasado.

Quizá no sea la libertad más que una sensación. El mal de Skinner: no importa que no seas libre con tal de que sientas que sí lo eres. La sensación de libertad: cuando viajas en coche como en un anuncio hasta donde se acaban las carreteras, cuando bailas siguiendo tus instintos y sin importarte el qué dirán, cuando compones una melodía subvertiendo las normas convencionales. Pero por qué llamar «libertad» al alivio por alejarte de la ciudad, al placer sensual de pisar la tierra con los pies descalzos y de que tu cuerpo se exprese con espontaneidad, a la tensión emocional de la inspiración artística.

La asociación es un derecho fundamental. Puesto que vivimos con otras personas, puesto que convivimos, parece razonable poder decidir con quiénes compartimos nuestros trabajos y nuestros días. La libertad de asociarse sería la libertad de elegir nuestra pequeña comunidad y su rumbo. Pero hay asociaciones que niegan mi libertad artística en virtud de unos principios morales o religiosos, y en todas se exigen unas obligaciones que quizá yo no esté dispuesto a cumplir.

¿Será la libertad la capacidad de escoger? Podemos elegir comprar un televisor de 14 pulgadas en detrimento de otro de 28, y dedicar el dinero de la diferencia a una cena de marisco para ocho personas. También puedo elegir seguir en mi trabajo o pedir una rescisión de contrato. O vivir en la calle sin obligaciones laborales antes que en una casa de ochenta metros cuadrados con una hipoteca de veinte años. Pero quien lo puede tener todo no precisa escoger. La libertad de elección lleva implícito en sí misma el reconocimiento de una enorme limitación.

¿Será entonces la libertad la capacidad de decidir? La libertad política, es decir, la capacidad de proponer leyes y hacerlas cumplir sería la máxima expresión de la libertad. Sin embargo, una mayoría popular también podría decidir o aceptar en el uso de su libertad política que se decidiera la supresión de todas las libertades, y un pueblo que renuncia a su libertad política es un pueblo que consiente una dictadura. Quizá los súbditos puedan conformarse con la contemplación gozosa de la gran libertad de la que disfruta su dirigente.

La libertad, entonces, es un principio jurídico que garantiza todas estas leyes, todas estas posibilidades. Pero esto, con ser necesario, no sería suficiente. Si las leyes garantizan las libertades individuales, civiles y públicas, pero los individuos no obran ni eligen ni se asocian ni participan en política, la libertad sería sólo una palabra, la expresión de un deseo o incluso de un imposible.

La libertad tiene que ser todas estas cosas, pero algo más, un ejercicio. Explicaba Hannah Arendt que la sociedad griega, donde nació el concepto de libertad hace más de dos mil quinientos años, conoció progresivamente cómo la libertad se alejaba del terreno de lo público para refugiarse en el terreno de lo privado, hasta limitarse con el cristianismo primitivo al espacio íntimo de la conciencia.

En la mitad de este largo camino se hallaba Epicuro, el filósofo del jardín, que defendía la libertad en la privacidad compartida con unos pocos amigos. ¿Cómo negar esa libertad? Pero ¿cómo negar que la limitación de la libertad al jardín aconteció cuando ésta había sido expulsada de la plaza pública? Epicuro creó su escuela en Atenas en el año 306 a. C.; la democracia ateniense concluyó tiempo antes, en el 323, año de la derrota de Atenas ante Macedonia. La libertad de Epicuro ya no era la de escoger ni de asociarse ni de decidir, sino sencillamente la única libertad posible bajo la monarquía macedónica.

De la historia podemos extraer esta enseñanza, que quienes renuncian a un solo terreno de la libertad corren el riesgo de perderlos todos.

La libertad es, precisamente, un amplio abanico de posibilidades, pero también el uso de tales posibilidades en todos los terrenos. Nadie puede apropiarse de la libertad ni marginarla a un espacio cerrado, ni conculcar las libertades fundamentales en virtud de una sola y poderosa libertad pública, que acabaría revolviéndose contra sí misma. Mi libertad comienza donde comienza la tuya, y acabaría si acabara la tuya. La libertad es un proceso abierto por múltiples sujetos y necesariamente polémico, conflictivo. La libertad es un ejercicio político.

40. El miedo a la igualdad

La igualdad, principio histórico de la democracia, ha sido proscrita del pensamiento político durante la hegemonía neoliberal.

¿No se habían amparado en ella las dictaduras de inspiración comunista? Fuertemente jerarquizada, la dictadura estalinista no era igualitaria, sino uniforme. La idea fundamental del comunismo primitivo, previo al marxismo, era el «todo común», expresión extrema de la fraternidad propia de sectas grecolatinas como la pitagórica, de las corporaciones profesionales medievales, de las órdenes monásticas o, en tiempos recientes, de los idearios nacionalistas. El marxismo, al dotar al comunismo de aspiraciones políticas, convirtió el principio subsidiario de la fraternidad, necesario para compactar pequeños grupos y cuyo origen se halla de modo evidente en las relaciones familiares, en el principio ordenador del Estado. Aunque parece un principio benigno, niega la categoría de adversario y, por tanto, ahoga la pluralidad política y social.

Del mismo modo que no puede defenderse una libertad entendida como la capacidad de asesinar a otros o de someterlos, falta por asimilar la idea de una igualdad incompatible con la uniformidad.

Para el pensamiento liberal, la igualdad sería necesaria en la medida en que contribuye a hacer posible la libertad.

Sin unas relaciones igualitarias, no se puede hablar propiamente de libertad en un contexto social, sino de arbitrariedad: si las leyes privilegian a un grupo, si el estatus social determina unas aspiraciones y derechos, si las diferencias de renta se traducen en preeminencia de unos sobre otros, la libertad se convierte en arbitrariedad, patrimonio de unos pocos capaces de decidir sobre los demás, de arbitrar las relaciones sociales. Éste es el proceso que actualmente, por ejemplo, se da en las relaciones entre la sociedad democrática y las multinacionales capitalistas, capaces de condicionar las decisiones de los representantes políticos de aquélla, o en el seno de las propias corporaciones, cuyos gestores arbitran las relaciones laborales, sin más contrapeso que, en ocasiones, unos debilitados sindicatos generalistas, en vías de convertirse en sindicatos subalternos, gremiales, corporativos o de empresa. Para el liberalismo, la igualdad sería, pues, necesaria, pero subsidiaria; necesaria al solo efecto de permitir unas relaciones en libertad.

Pero carece de sentido otorgar al liberalismo ninguna autoridad sobre el concepto de igualdad. Locke, patriarca del liberalismo, no incluye la igualdad entre los principios fundamentales (vida, libertad, propiedad), como tampoco incluye ningún derecho político compartido, ni siquiera el derecho al voto, que él, abogado de la monarquía parlamentaria, limitaba a los propietarios de sexo varón. El reconocimiento de los derechos políticos fue implantándose posteriormente, con el advenimiento del pensamiento democrático, del mismo modo que el de los derechos sociales sólo aconteció tras la irrupción del ideario socialista. Es de este modo como la formación del contemporáneo «Estado social y democrático de derecho», socavado por la ideología neoliberal y la realidad corporativa, puede verse como una creación conjunta del liberalismo y del socialismo con la centralidad de los valores y del proceso democráticos.

¿Cómo pensar la igualdad, el escurridizo concepto de igualdad? Resulta sencillo decir qué no es. Una sociedad igualitaria no es una sociedad uniforme ni una sociedad basada en una jerarquía natural: una sociedad de castas, una teocracia, una comunidad corporativa en la que cada miembro cumple una función determinada. Pero ¿qué es entonces la igualdad?

Incluso en el concepto liberal de igualdad, aunque subsidiario, se encuentra ya la característica fundamental de ésta. Si la libertad es imaginativa y fantasiosa, la igualdad fuerza a pensar en el otro. La igualdad introduce en el pensamiento al otro, al amigo, al compañero, también al subalterno, al superior... y al adversario. La igualdad precisa de al menos dos términos susceptibles de ser comparados. La igualdad obliga a pensar en términos de relación, en términos de comunidad humana. Se equivoca, pues, el liberalismo: la igualdad no es un principio subsidiario.

La igualdad es el principio fundamental de la sociabilidad. Sin el reconocimiento de la igualdad no sólo es imposible la libertad, sino que también es imposible la sociabilidad democrática.

Bendita y pisoteada igualdad. No sólo favorece a los débiles y a los marginados para que se integren, vivan con dignidad y prosperen, sino que también pone a prueba la sabiduría, la templanza, la firmeza y la generosidad que caracterizan a los verdaderamente fuertes.

41. El vuelo de la abeja

Para que la vida te dé, hay que renunciar a exigirle demasiado.

*

El sueño de una civilización sin conflictos precede al despertar totalitario.

*

A veces tengo que cerrar los ojos para eludir el dolor de tanta belleza. A veces desearía mantener los ojos cerrados para no ver tanta explotación y tanta miseria.

*

La mañana en que el adversario piense con tus palabras, habrás vencido, aunque pierdas.

*

El derecho natural y las falsas jerarquías se han enquistado en la modernidad por la vía de la acumulación capitalista.

*

«El trípode de la democracia: radicalismo democrático, socialdemocracia y liberalismo. El liberalismo insiste en la libertad individual de emprender, en la necesidad de la pequeña propiedad privada y en la igualdad de oportunidades. El socialismo democrático aboga por lo público en un Estado descentralizado, la defensa de las libertades públicas y la redistribución de la renta. El radicalismo democrático, que busca la emergencia del demos y del individuo y la igualdad política y social, ejerce la libre asociación de ciudadanos en lo civil y lo económico, la sindicación generalista en lo laboral y la participación crítica en lo institucional.

»El resultado es una democracia cambiante, abierta y plural, igualitaria y libertaria. Los tres se reconocen como adversarios y, aunque intentan prevalecer, respetan los derechos fundamentales de los otros, pues son de todos.

»Las grandes corporaciones capitalistas desequilibran el trípode de la democracia.»

Luego, nervioso y sudoroso, despertó. Aún era de noche. Fuera soplaba el viento y hacía frío.

*

Las palabras dichas al oído son dardos envenenados, pero cuando las palabras son de amor, el veneno es dulce.

*

No hay nada más valioso que la verdadera amistad, aunque tu amante sea tu amiga.

*

El buen vivir: buena cama, buena mesa, buena conversación, una causa por la que luchar y una senda.

*

El pensamiento vuela como una abeja.

El vuelo de la abeja es un lenguaje.

El pensamiento, el vuelo de una abeja.

Una abeja amarilla y negra al calor del estío, junto a un manantial.

ÍNDICE

Más información en
www.acvf.es